Bettina Rehm-Wolters und Mascha Schacht

Ein Garten voller Rosen

Bettina Rehm-Wolters und Mascha Schacht

Ein Garten voller Rosen

klassisch, ländlich, naturnah
und modern gestalten

Kein Garten ohne Rosen!

Begleiten Sie uns in die wunderbare Welt der Rosen. Mit einer überwältigenden Vielfalt an Farben, Formen und verführerischen Düften bereichert die Königin der Blumen seit Jahrhunderten unsere Gärten – sie ist und bleibt die Lieblingsblume schlechthin.

Rosenträume erleben

„Oh, wer um alle Rosen wüsste, die rings im stillen Garten stehen – oh, wer um alle wüsste, müsste wie im Rausch durchs Leben gehn." (Christian Morgenstern)

Was ist so faszinierend an einer Pflanze, die botanisch gesehen nur ein einfacher sommergrüner, mit Stacheln besetzter Blütenstrauch ist? Es ist wohl die einzigartige Aura, die eine Rose umgibt und die uns Menschen seit jeher in ihren Bann zieht. Bereits im römischen Reich wurden Rosen für besondere Anlässe verwendet. Kaiser Nero etwa ließ während seiner ausschweifenden Feste Rosenblätter auf die Gäste niederregnen. Die später heiliggesprochene heilkundige Kräuterfrau Hildegard von Bingen (1098–1179) empfahl in ihren medizinischen Büchern Rosen als Heilmittel, etwa gegen Geschwüre und auch gegen negative Gemütszustände wie Zorn. Und Kaiserin Joséphine, die Frau Napoleons, sammelte im Schlossgarten von Malmaison alle Rosensorten, die um das Jahr 1800 bekannt waren – schon damals immerhin rund 250 Sorten. Die heutige Rosenvielfalt ist also eigentlich nicht überraschend, schließlich dauert die Züchtungsarbeit bereits über 150 Jahre an. Dabei entstanden und entstehen immer wieder neue wundervolle Sorten, die den Weg in unsere Gärten finden wollen. Mittlerweile gibt es weltweit über 25 000 Rosensorten! In vielen Ländern werden jährlich Rosenneuheitenwettbewerbe durchgeführt, so auch in Deutschland: In der Kurstadt Baden-Baden treffen sich jedes Jahr internationale Rosenexperten, um die „Goldene Rose" von Baden-Baden zu verleihen.

Den optimalen Standort finden

Derzeit sind so viele verlockende Rosensorten im Handel erhältlich, dass die Auswahl für den eigenen Garten wahrlich schwerfällt. Aber zunächst einmal gilt: Die passende Rose für Ihren Garten finden Sie garantiert – egal welchen Gestaltungsstil Sie bevorzugen. Allerdings sollten die Standortbedingungen stimmen: Rosen sind Sonnenkinder und gedeihen nur an sehr hellen, luftigen, aber dennoch geschützten Plätzen optimal. Einige robuste Sorten geben sich zwar auch mit fünf bis sechs Stunden Sonne am Tag zufrieden, blühen dann jedoch weniger intensiv. Ein nährstoffreicher, lehmiger, tiefgründiger Boden versorgt Rosen bestens mit Nahrung und eine ausreichende Luftzirkulation rund um die Pflanze sorgt dafür, dass die Rosenblätter nach einem Regenschauer wieder schnell abtrocknen und sich keine Pilzkrankheiten ausbreiten können. Ist der richtige Pflanzplatz gefunden, müssen Sie sich nur noch für eine passende Rosensorte entscheiden. Eine gute Orientierungshilfe bieten dabei die verschiedenen Rosenklassen, in die die Sorten entsprechend ihrer Wuchsformen und Eigenschaften eingeteilt werden. Gerade wenn Sie bislang nur wenig Erfahrung mit Rosen haben, sollten Sie darauf achten, dass Ihre ausgewählte Sorte das ADR-Prädikat trägt. Dabei handelt es sich um eine Auszeichnung, die nur besonders robusten Sorten verliehen wird, die die Allgemeine Deutsche Rosenneuheitenprüfung

In öffentlichen Anlagen wie dem Rosengarten von Mottisfont Abbey, Großbritannien, können Sie Rosen mit allen Sinnen erleben und sich Ihre Lieblingssorten aussuchen.

Rosen haben viele Gesichter: Sie tragen einfache, halb-gefüllte oder prallgefüllte Blüten. Das Farbspektrum reicht von Samtrot über Zartrosa und Sonnengelb bis zu Apricot und zartem Cremeweiß.

bestanden haben. Bei diesem harten Rosentest müssen die Sorten unter anderem zeigen, ob sie eine gute Frosthärte besitzen, widerstandsfähig gegen Pilzkrank-heiten sind und zuverlässig blühen – und zwar ohne „Doping" durch chemische Pflanzenschutzmittel und besondere Dünger. Wer eine ADR-Rose kauft, darf sich somit garantiert an einer gesunden, pflegeleichten Rose erfreuen.

Die Vielfalt der Rosenklassen

In der Klasse der Edelrosen finden Sie Sorten, die 70 bis 120 cm hoch werden und eher schlank aufrecht wach-sen. Die gefüllten, duftenden Blüten erscheinen an ein-zelnen Stielen. Es gibt mittlerweile jedoch auch Edelro-sen, die in Dolden blühen. Edelrosen sind anspruchsvoll und benötigen mehr Aufmerksamkeit als andere Rosen. Wer den Pflegeaufwand auf ein Minimum beschränken möchte, wählt neuere Sorten, die entweder das ADR-Prädikat tragen oder vom ADR-Arbeitskreis in einer speziellen Edelrosensichtung als empfehlenswert einge-stuft wurden. Edelrosen kommen am schönsten in klei-nen Gruppen zur Geltung, als Highlights in klassischen Rosenbeeten oder als duftende Blütenstars im Terras-senbeet oder im Vorgarten. Wer gerne Rosen für die Vase schneidet, legt sich ein Edelrosenbeet an, das abgeerntet werden darf – am besten in einem hinteren Gartenteil, wo der Blütenklau weniger auffällt. Ebenfalls fürs Pflanzbeet eignen sich Beetrosen: Zu die-sen zählen 40 bis 100 cm hoch wachsende Sorten mit einfachen bis stark gefüllten Blüten, die in Büscheln

erscheinen. Die kompakt-buschig wachsenden Sorten können Sie vielfältig einsetzen: In gemischten Pflanzungen zusammen mit Stauden und anderen Sträuchern, in reinen Rosenbeeten mit klassischer Buchsheckenumrahmung oder in modernen Gärten als Partner von Zierlauch und Ziergräsern. Beetrosen werden wie Edelrosen in kleinen Gruppen verwendet. Noch vielseitiger zeigt sich die Gruppe der Kleinstrauchrosen, die auch als Bodendecker- oder Flächenrosen bezeichnet werden. In dieser Klasse versammeln sich 40 bis 120 cm hoch wachsende robuste Sorten mit sehr unterschiedlichen Wuchsformen. Es gibt sowohl buschig wachsende Sorten, die in kleinen Gruppen gepflanzt werden, als auch flach niederliegende Sorten, die Sie als Bodendecker, zur Böschungsbegrünung und sogar wie Kletterrosen an niedrigen Zäunen und kleinen Rankgerüsten verwenden können. Andere Sorten präsentieren sich dagegen mit einer aufrechten Wuchsform und bogig überhängenden Trieben. Diese Rosen können Sie wie Strauchrosen einsetzen.

Wer klein bleibende Rosen für den Topfgarten sucht, sollte auf Zwergrosen, auch Patiorosen genannt, zurückgreifen. Ehemals als ziemlich empfindlich verschrien, entpuppen sich die neuen Sorten dieser Rosenklasse mittlerweile als sehr gesund – einige tragen sogar das ADR-Prädikat. Da Rosen lange Wurzel haben, müssen die Pflanzgefäße mindestens 40 cm hoch sein. Mit schlanken, rechteckigen, rosengefüllten Töpfen können Sie einen modernen Hauseingang schmücken, mit großen Terrakottatöpfen samt rosaroten oder weißen Zwergrosen Ihre Landhaus-Terrasse.

Imposante Blütenwolken

Anders als die bisher erwähnten Rosenklassen wachsen Strauchrosen zu 1 und bis 2,5 m hohen eindrucksvollen Blütensträuchern heran. In die Klasse der Strauchrosen lassen sich sowohl Wildrosen, Alte Rosen und die meisten Englischen Rosen des Züchters David Austin einordnen als auch einmal und öfter blühende Strauchrosensorten. Wildrosen sind zum Beispiel als Insektenmagnet und Vogelfutterpflanzen ein Muss für jeden Naturgarten. Mit ihnen können Sie hohe frei wachsende Sichtschutzhecken bestücken, niedrige Hecken im Vorgarten heranziehen, Böschungen begrünen oder für einzelne Blickpunkte sorgen. Moderne öfter blühende Strauchrosen und Englische Rosen passen je nach Blütenfarbe oder Form gleichermaßen in moderne wie in romantische Gartenanlagen. Stellen Sie den Solostars stets ein paar buschig wachsende Stauden wie Katzenminze als Fußvolk zur Seite, damit ein sanfter Übergang von der Rose zum Beet geschaffen wird. Wer seinen Strauchrosen viel Platz im Garten gönnen kann, entfernt nur überschüssiges altes Holz und kranke Triebe. Dies sollte bei einmal blühenden Sorten direkt nach der Blüte und bei öfter blühenden Sorten im Frühjahr geschehen. Ist der Platz jedoch begrenzt, werden Strauchrosen jährlich etwa auf die Hälfte eingekürzt, damit sie schön kompakt bleiben – so muss auch ein „Reihenhaus-Gärtner" nicht auf die blütenreichen Schönheiten verzichten.

Rosige Himmelsstürmer

Die dritte Dimension unserer Gärten erobern die Kletterrosen. In dieser Rosenklasse werden zwei verschiedene Wuchstypen zusammengefasst: Zum einen die sogenannten Climber, die starke aufrecht wachsende Triebe und einfache bis stark gefüllte Blüten ausbilden. Zum Klettern müssen diese Rosen an Spalieren, Obelisken, Lauben oder Carports in die Höhe geleitet und angebunden werden. Climber erreichen Höhen von 2 bis 4 m. Zum anderen zählen zur Gruppe der Kletterrosen die bis zu 10 m hoch wachsenden Ramblerrosen,

die lange, biegsame Triebe besitzen. Sie blühen meistens einmal und in kleinen Büscheln. Viele neue Rosensorten sind jedoch auch öfter blühend und zeigen bis zum Herbst ihre volle Blütenpracht.

Mit den nicht ganz so stark wachsenden öfter blühenden Ramblern können Sie Rosenbögen schmücken. XXL-Rambler wie 'Rambling Rector', 'Paul's Himalayan Musk' oder 'Kiftsgate' erobern alte Obstbäume, Gartenhäuschen oder große Pergolen und Pavillons – sie schaffen so ein Dornröschen-Ambiente in Landhaus- oder Naturgärten.

Zu guter Letzt seien hier noch die Stammrosen erwähnt, die zwar keine eigene Rosenklasse bilden, aber in der Gartengestaltung eine wichtige Rolle spielen. Als Stammrosen bezeichnet man Rosensorten, die auf

Oben: Mit weißen Rosen, weiß blühenden Stauden und den silbrigen Blättern der Weidenblättrigen Birne (*Pyrus salicifolia*) bekommt Ihr Garten ein romantisches Ambiente mit edler Note.

Rechts: Liebevoll umspielt die duftende Ramblerrose 'Léontine Gervais' eine Bank mit verschiedenen Topfkräutern – ein schönes Landhaus-Ensemble (Foto oben).
Alte Rosen wie die hellrosafarbene 'Fantin Latour' und Wildrosen wie die in kräftigem Rosa blühende, fast stachellose *Rosa nutkana* können große klassische Rosengärten bereichern (Foto unten).

einen 40 bis 140 cm hohen Stamm veredelt werden. Je nach Wuchseigenschaft der Veredlungssorte wird eine unterschiedliche Kronenform ausgebildet: Die Kronen von Edelrosen-Stammrosen sehen eher trichterförmig aus. Sorten von Beetrosen und kompakt wachsenden Kleinstrauchrosen formen eine schöne runde Krone. Und auf zirka 140 cm hohe Stämme werden sogenannte Kaskadenrosen oder Trauerstämme veredelt. Als Kronensorte nimmt man hierbei langtriebige Kleinstrauchrosen oder Kletterrosen. Trauerstämme wirken wunderbar romantisch und können zum Beispiel den Mittelpunkt eines Bauerngartens markieren oder ein Inselbeet im Rasen veredeln. Halbstammrosen, deren Stämme 60 cm hoch sind, können Sie schön in Terrassenbeete pflanzen. Die sogenannten Hochstämme haben mit ihren rund 90 cm Stammhöhe eine gute Fernwirkung und werden gerne als Gestaltungsmittel im klassischen Rosengarten verwendet. Auch als Blickpunkte im Vorgarten machen sie Eindruck – umso mehr, wenn man jeweils ein Stämmchen zu jeder Seite des Wegs oder des Hauseingangs setzt.

Auf Form und Farbe kommt es an

Wie Sie sehen, bieten die Rosensorten der unterschiedlichen Klassen vielfältige Wuchsformen, die sich alle für verschiedene Einsatzgebiete im Garten eignen. Zu einer gelungenen Rosenverwendung gehört jedoch nicht nur die Wahl der passenden Wuchsform: Auch Blütenfarbe und Blütenform verleihen den Rosen ganz individuelle Charaktere, die jeweils den Gartenstil unterstreichen sollten. Romantische Gärten verlangen nach üppig gefüllten Rosenblüten in Pastellfarben, klassische Rosenanlagen ebenfalls nach gefüllten oder halbgefüllten Blüten und natürlich gestaltete Gärten nach ungefüllten und damit insektenfreundlichen Rosenblüten.

*Von der vornehmen Edelrose bis zur
wuchskräftigen Ramblerrose hat jede
ihren ganz eigenen Zauber.*

Je nach Blütenform wirkt dieselbe Rosenfarbe mitunter völlig anders: Pinkfarbene Rosen können durchaus einen Platz im Romantikbeet bekommen, wenn sie üppig gefüllt sind. Offene Rosenblüten in knalligem Pink wirken dagegen frecher und finden in modernen Anlagen Verwendung. Die Wirkung der Rosenfarben hängt jedoch auch von der Umgebung ab – vom baulichen Umfeld ebenso wie von den umgebenden Pflanzpartnern. Setzen Sie zum Beispiel eine gelbe Kletterrose vor eine beigefarbene Wand, werden die Blüten nicht zur Geltung kommen, ganz anders sieht es jedoch aus, wenn die gelbe Rose eine rote Klinkerwand verschönern darf. Rote Rosen wirken im Zusammenspiel mit orange und gelb blühenden Stauden feurig und temperamentvoll. In einem Beet mit violettem Steppen-Salbei, zartem Steinquendel, rosa Fingerhut und dunkelrosafarbener Sterndolde zeigen sie hingegen ihr geheimnisvoll-romantisches Gesicht.

Mit dem Wissen über die verschiedenen Wuchsformen, Blütenfarben und Blütenformen sowie den passenden Begleitern können Sie nun darangehen, Ihren eigenen Rosen-Traumgarten einzurichten. Wir helfen Ihnen dabei – lassen Sie sich von unseren rosigen Gestaltungsideen und Pflanzbeispielen begeistern.

Links: Herrlich unkompliziert wachsen Hochstammrosen, Ramblerrosen, purpurvioletter Schlaf-Mohn (*Papaver somniferum*) und viele andere Stauden in romantisch-verspielten Landhausgärten nebeneinander.

Rechts: Die rosafarbene Englische Rose 'Constance Spry' hat die Hauswand samt Vorgarten erobert. Gesellschaft leistet ihr die purpurrote *Rosa rugosa* 'Roseraie de l'Hay' (Foto oben).
Mit ihrer überbordenden Blütenpracht veredelt die Ramblerrose 'Minnehaha' selbst einfache Maschendrahtzäune (Foto Mitte).
Eine vornehme Diva fürs klassische Rosenbeet ist die duftende Edelrose 'Baronne E. de Rothschild' (Foto unten).

Klassische Rosengärten

Das Erbe des Sonnenkönigs

Lustwandeln im Zeichen des Barocks:
In klassischen Rosengärten trifft
Romantik auf Geometrie. Umgeben
von kunstvoll in Form geschnittenen
Einfassungen kommt die Blüten-
pracht besonders gut zur Geltung.

Kunstvolle Gartenanlagen als Zeichen königlicher Macht

Schönheit und Prunk waren seine Insignien: Als „Sonnenkönig" ging Ludwig XIV. in die Geschichte ein, nachdem er es wie kein Zweiter verstanden hatte, Kunst und Lebensfreude zu Symbolen der Macht werden zu lassen. Unter seiner Herrschaft und zum Zeichen seines Ruhms entstanden nicht nur zahlreiche Lustschlösser, sondern auch überaus prachtvolle Gartenanlagen. So schuf etwa der königliche Gartenarchitekt André Le Nôtre mit den berühmten Gärten von Versailles ein unvergleichliches Kunstwerk, das überall in Europa Nachahmer fand.

Der von ihm entwickelte französische Barockstil basiert auf klarer Linienführung, streng geometrischen Formen und der symmetrischen Anordnung der einzelnen Gestaltungselemente. Kreis, Quadrat und Rechteck sowie Kugel, Kegel, Würfel und Quader sind die wichtigsten Figuren, die sich überall im Garten wiederfinden. Auf Kieswegen schreitet der Besucher zwischen kunstvoll in Form geschnittenen Gehölzen und in Mustern bepflanzten Beeten einher – ein wahrhaft königlicher Genuss. Die besondere Raffinesse liegt dabei in den unterbrochenen Sichtachsen: Ein Hindernis sorgt

Rechts: Rund 1200 Rosensorten können Besucher in den Anlagen des Parc de Bagatelle in Paris bestaunen.

Links: Je mehr Platz Sie in Ihrem Garten zur Verfügung haben, desto abwechslungsreicher darf die Bepflanzung der formalen Beete ausfallen.

dafür, dass dem Betrachter die Sicht auf das eigentliche Ziel verstellt ist. So muss er etwa zunächst um einen Springbrunnen herumgehen, um schließlich die Bank am Ende des Weges zu erreichen – eine Hürde, die er sicherlich gerne in Kauf nimmt.

Der große Vorteil des barocken Stils: Er lässt sich problemlos auf jede beliebige Gartengröße übertragen, von parkähnlichen Grundstücken bis hin zu den schmalen „Handtuchgärten" in den heutigen Neubaugebieten.

Wenn Sie nur wenig Platz zur Verfügung haben, bietet sich ein Barockgarten im Miniaturformat sogar besonders an, denn mit ein paar Tricks wird aus dem kleinen Reich Ihr ganz persönlicher Schlossgarten. Die Grundregel lautet dabei: Weniger ist mehr. Gerade in kleinen Gärten ist die Versuchung groß, viele verschiedene Pflanzenarten in bunt gemischten Farben unterzubringen. Doch so schwer es auch fällt, widerstehen Sie dieser Verlockung, denn eine kleinteilige Gestaltung

Hochstammrose

Metall-Pavillon

gepflastertes
Halbrondell

wassergebundene
Wegedecke

Haus

Lavendel

Buchseinfassung

Metallzaun mit Kletterrosen   Hochstammrose

betont die Enge noch zusätzlich. Indem Sie sich stattdessen auf einige wenige Arten und Farben beschränken, lassen Sie den Raum größer wirken. Die angesprochenen unterbrochenen Sichtachsen verstärken diesen Effekt: Wer nicht auf kürzestem Wege zum Ziel gelangt, hat mehr Meter zurückgelegt und dadurch den Eindruck eines ungleich größeren Grundstücks gewonnen. Längliche Gärten lassen sich auch gut in zwei oder mehr Gartenräume aufteilen. Eine Hecke mit einem Torbogen oder ein Rankgerüst weckt die Neugier des Betrachters: Was mag sich wohl dahinter verbergen? Wenn Ihr Garten zu klein für eine eingezogene Hecke ist, oder Sie eine offenere Gestaltung vorziehen, können Sie sich auch eines anderen Kniffs bedienen: Schaffen Sie eine neue Gartenebene. Schon ein Höhenunterschied von rund 15 cm lässt den Eindruck entstehen, dass sich hier ein neuer Bereich öffnet, und vergrößert den Garten optisch. Betonen können Sie den Übergang noch, indem Sie beispielsweise ein kleines Mäuerchen einziehen oder auf den beiden Ebenen unterschiedliche Beläge für die Wege verwenden, etwa hellen und dunklen Kies. Zwei Fliegen mit einer Klappe schlagen Sie, indem Sie die vielleicht ohnehin geplante Terrasse als eigene Ebene inszenieren: Ein Holzdeck oder der Wechsel zu einer Platten- oder Pflasterfläche werden durch die klare Abgrenzung automatisch als eigener Raum wahrgenommen. Ein hübsch bepflanzter Kübel in jeder Ecke der Terrassenfläche greift die formale Gestaltung auch hier wieder auf – und ehe Sie sichs versehen, ist der Nachmittagskaffee Teil eines barocken Schauspiels geworden.

Ein Beispiel für einen barocken Rosengarten – passend auch für kleinste Grundstücke – zeigt Ihnen unser Gartenplan. Direkt vom Haus aus oder über eine großzügige Terrasse, die im besten Fall sogar noch ein wenig höher liegt als der Garten selbst, gelangen Sie in das Rosenparadies. Niedrige Buchshecken betonen die strengen symmetrischen Formen der Anlage, durch die Sie stilvoll auf einer wassergebundenen Wegedecke lustwandeln können. In direkter Sichtachse von der Terrasse aus befindet sich ein eindrucksvoller Eisen-Pavillon, der von traumhaften Ramblerrosen erobert wird. Darunter laden Bänke zum Verweilen ein. Mittelpunkt des Gartens bildet ein Rosenstämmchen mit Lavendelunterpflanzung. In den Beeten wurden Rosen in einem harmonischen Farbverlauf von dunklem Samtrot zu edlem Weiß verteilt. So entsteht ein einheitlicher, aber keineswegs eintöniger Eindruck.

Mit geometrischen Formen und harmonischen Farbverläufen geben Sie Ihrem rosigen Barockgarten wohltuende Übersichtlichkeit. Die reinen Rosenbeete werden nur dezent mit passenden Begleitern wie Lavendel ergänzt.

Königinnen unter sich

Am Hofe König Ludwigs XIV. traf sich der Adel nahezu täglich zu glanzvollen Bällen und festlichen Diners. Die reich verzierten Kleider der Damen und die mit Spitzen besetzten Wämser und Röcke der Herren müssen ein überaus prachtvoller Anblick gewesen sein. Eine vergleichbare Wirkung erzielen die Rosen im Barockgarten: Die Königin der Blumen tritt hier nur selten allein auf, sondern befinden sich meist in Gesellschaft Gleichgestellter.

Durch die symmetrische Beetaufteilung bedingt, lächeln uns beispielsweise auf beiden Seiten eines Wegs Hochstammrosen huldvoll zu, während ihnen zu Füßen Begleitpflanzen die herausragende Stellung der Königinnen unterstreichen. So mancher der edlen Damen dient auch ein schmucker Pflanzkübel als Thron, beispielsweise auf der Terrasse. Jedoch gilt auch hier das Spiegelprinzip: Führen zum Beispiel Treppenstufen in den Garten hinab, können Sie je einen Rosenkübel an jeder Seite des Treppenaufgangs platzieren. Auch ein Pflanztopf in jeder Ecke einer quadratischen Terrasse erfüllt die Bedingungen des barocken Gartenstils. Tipp: Wenn Sie die Kronen der Rosenstämmchen regelmäßig in Kugelform schneiden, passen sie sich der barocken Formensprache besonders gut an.

Tatsächlich als Solitär sehen wir Rosen im Barockgarten immer in der Mitte oder am Ende einer Sichtachse. An einem Wegekreuz etwa findet sich häufig ein Rondell, also ein kreisförmiges Beet. Eine Rose, die Sie hier pflanzen, steht buchstäblich im Mittelpunkt und sollte sich darum in ein besonders prächtiges Blütenkleid hüllen. Wie gemacht für eine solche Inszenierung sind Kaskadenrosen, also Rambler-, Kletter- oder Kleinstrauchrosen, die auf Stämme veredelt wurden. Mit ihren elegant überhängenden Blütentrieben lockern sie den formalen Rahmen des Barockgartens auf und verleihen ihm eine romantische Note. Auch am Ende eines Weges können einzelne Rosen ihren großen Auftritt haben: Vor einer Hecke oder einer Mauer bieten sich halbrunde Beete an, deren Mitte wiederum durch eine Hochstamm- oder eine Strauchrose betont wird.

Eine Pflanzvariante hat im Barock besondere Aufmerksamkeit gefunden: Die flächige Bestückung ganzer Beete mit einer oder einigen wenigen Sorten von Beet-, Kleinstrauch- oder Edelrosen. Das Besondere hieran: Die einzelne Pflanze wird als solche kaum mehr wahrgenommen, vielmehr wirkt der ganze Verbund. Bei der Farbwahl sollten Sie es sowohl bei der flächigen Pflanzung als auch bei den Solitären nicht zu bunt treiben. Bedenken Sie auch, welche Töne durch die Begleitpflanzen noch mit hinzukommen, denn im klassischen Barockgarten dienen Farben in erster Linie dazu, die geometrischen Formen zu unterstreichen.

Rosenhochstämmchen mit romantisch überhängenden Blütentrieben wie die Kaskadenrose 'New Dawn' ziehen als Beetmittelpunkt alle Blicke auf sich.

*Als Königin der Blumen darf die Rose in
keinem Barockgarten fehlen. Mit ihrer überbordenden Blütenfülle bringt sie flächige
Pflanzungen zum Leuchten oder lockt den
Besucher als Blickfang auf neue Wege.*

Dem Himmel entgegen

Unter duftenden Rosenblüten lässt es sich gar herrlich träumen: Üppig wachsende und verschwenderisch blühende Kletterrosen laden zum Fest für alle Sinne. Selbst kühle und regnerische Sommer schmälern die Pracht nur unwesentlich.

Im Rosarium von
Val-de-Marne nahe Paris
können Besucher vor
allem alte Rosensorten
bestaunen.

Das Schreiten über Rosenblüten ist etwas ganz besonderes – aber darum noch lange nicht Adligen oder
Brautpaaren vorbehalten. Kletterrosen & Co. sorgen
vielmehr dafür, dass der Blütenteppich auch zu Ihren
Füßen den ganzen Sommer über Tag für Tag erneuert
wird. Dennoch sollten Sie den Blick natürlich nicht nur
auf den Boden gerichtet halten, denn das eigentliche
Geschehen spielt sich einige Etagen höher ab. Dort zün-
den die anmutigen Himmelsstürmer ein unvergleichli-

ches Blütenfeuerwerk, das auch nach Jahren immer
wieder aufs Neue fasziniert. Noch dazu sind sie ausge-
sprochen hart im Nehmen und erfreuen uns selbst in
regnerischen oder kühlen Sommern mit einer schier
überbordenden Blütenpracht. Eine wunderbare
Methode, um die wüchsigen Gesellen ein wenig zu
zähmen, sind Rosenbögen. Indem Sie die Triebe an
dem Metall- oder Holzgerüst entlangführen, tragen Sie
der formalen Gestaltung des Barockstils Rechnung.

Ein typisches Beispiel barocker Gestaltungskunst aus dem Rosenneuheitengarten Baden-Baden: Die von Rosenbögen umgebene Statue dient als
Blickfang. Der dazwischen gelegene Brunnen verkürzt den Weg optisch.

Darüber hinaus bringen Sie die duftenden Blütenschalen wieder auf Augen- und Nasenhöhe.

Gleichzeitig können Sie den Bogen als Raumteiler verwenden: Er markiert eine unsichtbare Grenze, ohne den Garten optisch zu verkleinern. Damit Ihnen die Rosen dabei nur im gewünschten Maße über den Kopf wachsen, sollten Sie für Rosenbögen vorzugsweise sogenannte Climber, also Kletterer, verwenden. Diese werden zwischen 2,5 und 4 m groß und wachsen aufrecht mit straffen Trieben, die sich jedoch mit ein wenig Hilfe bereitwillig der Bogenform anpassen. Natürlich müssen Sie es nicht bei einem einzelnen Bogen belassen: Wer möchte, kann auch mehrere hintereinander platzieren und dadurch einen herrlich anzusehenden und angenehm lichten Laubengang schaffen, durch den zur Blütezeit zu wandeln eine ganz besondere Freude ist.

Wenn Sie die Blütenfülle und das zarte Rosenparfum noch intensiver genießen möchten, planen Sie am besten einen Sitzplatz mit ein: Eine Rosenlaube ist ein wunderschöner Blickfang für das Ende eines Weges und fügt sich somit harmonisch in das stilistische Konzept des Barockgartens ein. Eine Gartenecke lässt sich hingegen gut für eine kleine Pergola nutzen: Ein einfaches Holzgerüst mit einigen Querverstrebungen oder gespannten Drahtseilen ist schnell gebaut und im blühenden Gewand auf jeden Fall ein Hingucker. Wenn Sie einen größeren Garten haben, können Sie sich sogar den Wunsch eines jeden Rosenliebhabers erfüllen und einen offenen Metallpavillon von den eifrigen Kletterern erobern lassen. Unter einem solchen Rosenhimmel lässt es sich wunderbar träumen – nicht nur von Prinzen und Schlössern.

Da die zu berankende Fläche bei Pavillons in der Regel deutlich größer ist als bei den vergleichsweise zierlichen Rosenbögen, können hier auch Ramblerrosen zum Einsatz kommen. Mit ihren langen Trieben hüllen zum Beispiel die karminrosafarbene Sorte 'American Pillar' oder die fruchtig duftende, öfter blühende 'Kirschrose' das Gerüst im Nu in ein duftendes Blütenkleid.

Natürlich geht es auch eine Nummer kleiner. Wo der Platz eher begrenzt ist, haben Rankobelisken ihren großen Auftritt. Als Beetmittelpunkt ziehen sie alle Blicke auf sich und lassen sich somit ähnlich verwenden wie Rosenhochstämmchen. Zum Barockgarten passen Rankobelisken noch aus einem anderen Grund sehr gut: Ihre Pyramidenform lässt sich mit ein wenig Schnittgeschick leicht auf immergrüne Gehölze wie Buchs oder Eibe übertragen. Eine zauberhafte Variante ist auch die Kombination mit Strauchrosen, etwa der Sorte 'Eden Rose 85', die das Gestell rasch ausfüllen – es aber eigentlich nicht benötigen. Denn während sich Kletterrosen eine starke Schulter zum Anlehnen wünschen und Beet- und Edelrosen nur ungern ohne Begleitpflanzen stehen, fühlen sich Strauchrosen als Solisten pudelwohl. Dass ihnen soviel Aufmerksamkeit zuteil wird, ist kein Wunder. Über einem dichten Unterrock aus frischgrünen glänzenden Blättern schmücken sie sich mit einem reich verzierten Blütenkleid – und tragen ihr Gewand mit dem Stolz wahrer Königinnen. Geben Sie ihnen daher den Platz, der ihnen gebührt: Als Blickfang an der Terrasse, an einem Wegkreuz oder als Rahmen zu beiden Seiten einer Bank.

*Von Kletterrosen umge-
bene Sitzplätze sind bei
Liebespaaren sehr beliebt.
Kein Wunder, der Duft
voll erblühter Rosen ist
einfach atemberaubend.
Tatsächlich wird ihm so-
gar eine aphrodisierende
Wirkung nachgesagt.
Nicht zuletzt aus diesem
Grund ist Rosenwasser bis
zum heutigen Tag sehr
beliebt. Gewonnen wird
die kostbare Essenz allerdings nicht aus Kletter-
rosen, sondern vor allem
aus den Blüten der
Damaszener-Rose (Rosa
damascena) und der
Hundertblättrigen Rose
(Rosa centifolia).*

Ramblerrose 'Super Dorothy' schlingt rosafarbene Blüten-
girlanden um die Holzpergola. Das geschützte Plätzchen ist wie
geschaffen für ein romantisches Stelldichein.

Pastelltöne – Zarte Rosenträume

Romantiker lieben Pastelltöne und deshalb auch Rosen, die mit Blüten von Cremeweiß über Porzellanrosa bis Apricot und Hellgelb eine umwerfend große Auswahl an zarten Farbtönen bieten. Besonders unter den Alten Rosen gibt es viele pastellfarbene, duftende Rosen-schätze wie die seidigrosafarbene Bourbon-Rose 'Reine Victoria', deren becherförmige Blüten ein wunderbares Aroma verströmen. Romantischen Charme bieten jedoch auch moderne, öfter blühende Rosen, die in Blütenform und Farbe an Alte Rosen erinnern und unter so klangvollen Gruppennamen wie „Märchen-rosen", „Nostalgie-Rosen" oder „Romantica-Rosen" angeboten werden. In diesen Gruppen finden Sie romantische Strauchrosen genauso wie Kletterrosen oder Edel-, Beet- und Kleinstrauchrosen.

Gönnen Sie Ihren pastellfarbenen Rosen die Begleitung von ebenfalls zarten Blütenfarben aus dem Reich der Stauden oder Kleinsträucher. Wer zum Beispiel einen klassischen Rosengarten anlegen möchte, kann Beet- und Edelrosen in zarten Farbtönen pflanzen und als Beetabschluss eine Reihe Currykraut (*Helichrysum italicum* 'Silbernadel') oder die kompaktwachsende Lavendelsorte 'Blue Cushion' setzen. Die silbrigen Blät-ter dieser beiden Pflanzen unterstreichen die Zartheit der Rosenblüten noch zusätzlich.

In Gärten im Landhaus-Stil passen pastellblütige Rosen ebenfalls perfekt. Hier füllen Gartenliebhaber Beete mit kleinen Gruppen romantischer Beet- und Kleinstrauch-rosen und geben geeignete Staudenschönheiten dazu, etwa rosafarbenen Fingerhut (*Digitalis*), hellblaue Glockenblumen, weißen oder rosafarbenen Sommer-Phlox (*Phlox paniculata*), hellgelbe Königskerzen (*Verbascum*), rosa blühende Prachtkerze (*Gaura*), hell-violetten Steinquendel (*Calamintha*), weiße Kronen-Lichtnelke (*Lychnis coronaria* 'Alba'), silbrig rosa blü-hende Sterndolde (*Astrantia*) sowie hellgelb blühende

Ein pastellfarbenes Beispielbeet zum Nachpflanzen, 9 m² groß:
1 Pfirsichfarbene Edelrose 'Augusta Luise' (9 Stück, 100 cm hoch)
2 Violetter Lavendel (*Lavandula angustifolia* 'Melissa Lilac', 14 Stück, 60 cm hoch)
3 Gefülltes, rosafarbenes Schleierkraut (*Gypsophila paniculata* 'Flamingo', 3 Stück, 120 cm hoch)
4 Teppich-Woll-Ziest (*Stachys byzantina* 'Silver Carpet', 20 Stück, 20 cm hoch)
5 Steinquendel (*Calamintha nepeta* subsp. *nepeta*, 20 Stück, 35 cm hoch)
6 Zier-Lauch (*Allium*-Sorte 'Globemaster', 15 Stück, 100 cm hoch)

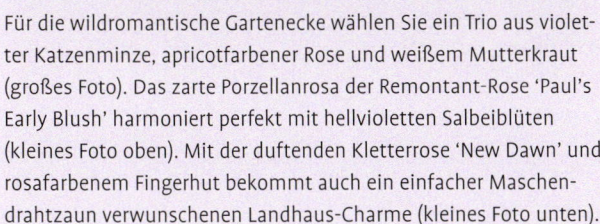

Für die wildromantische Gartenecke wählen Sie ein Trio aus violetter Katzenminze, apricotfarbener Rose und weißem Mutterkraut (großes Foto). Das zarte Porzellanrosa der Remontant-Rose 'Paul's Early Blush' harmoniert perfekt mit hellvioletten Salbeiblüten (kleines Foto oben). Mit der duftenden Kletterrose 'New Dawn' und rosafarbenem Fingerhut bekommt auch ein einfacher Maschendrahtzaun verwunschenen Landhaus-Charme (kleines Foto unten).

Sorten der Färberkamille (*Anthemis tinctoria* 'Lemon Ice' oder 'Sauce Hollandaise'). Die Füße von Kletter- und Strauchrosen können Sie von Katzenminze (*Nepeta*) oder weißer Spornblume (*Centranthus ruber* 'Alba') lustvoll umspielen lassen.

Schönheit im Zeichen der Geometrie

So schillernd es in den Schlössern des Barocks zuging, so streng waren im Gegensatz dazu die Gärten angelegt – und beeindruckten gerade dadurch umso mehr. Die wichtigsten Pflanzen in solchen Anlagen sind daher all jene, die sich gut in Form bringen lassen und dem Garten sein formales Gerüst verleihen, allen voran der Buchsbaum. Ihn gibt es im Barockgarten sozusagen am laufenden Meter: Kunstvoll zu komplizierten Knoten und anderen Mustern geschnitten, ersetzt er mitunter manches Beet, oder er zieht als Kugel, Kegel oder zuckerhutförmige Spirale alle Blicke auf sich. Letzteres ist besonders im Hinblick auf die Höhengestaltung der Beete von Bedeutung. Buchskegel, Rosenhochstämmchen, Statue oder Springbrunnen sind im wahrsten Sinn des Wortes herausragende Blickfänge, die Sie eben darum gemäß der Symmetrie des Gartens auf den Beeten verteilen sollten. In der Beetmitte oder in den Ecken sind sie am besten aufgehoben, außerdem überall dort, wo sich markante Sichtachsen kreuzen. Zusätzlich können Sie sie nutzen, um die Umrisse der geometrisch geformten Beete nachzuzeichnen, etwa indem Sie in die Buchseinfassung eines Rondells in gleichmäßigen Abständen Buchskugeln einstreuen. Je größer der Garten ist, desto häufiger sind derartige Spielereien erlaubt. Auf diese Weise betonen Sie den formalen Gestaltungsaspekt der Beete und wahren die geometrische Harmonie.

Der Garten von Mottisfont Abbey in der südenglischen Grafschaft Hampshire ist ein Paradies für Liebhaber historischer Rosen.

Der Hofstaat der Königin

Königinnen wären keine Königinnen, wenn sie niemanden hätten, der ihnen huldigt. Das gilt auch für die Rosen, weshalb sie sich gerne mit ein wenig Fußvolk umgeben. Dieses unterliegt im Barockgarten jedoch strengen Auflagen: Es darf sich dem Betrachter präsentieren, den Königinnen aber keineswegs ihren Rang streitig machen. Kein Wunder, denn die adligen Damen müssen sich ihrerseits schon dem großen Ganzen der Geometrie und Symmetrie unterordnen – was solch edlen Geschöpfen sicherlich nicht leicht fällt.

In Anlagen, die nach historischem Vorbild bepflanzt sind, werden Sie daher neben den Gerüstpflanzen vorwiegend niedrigere Begleiter vorfinden, die in formalen Mustern gesetzt sind. Gerade Letzteres setzt allerdings eine gewisse Mindestgröße für Garten und Beete voraus, um die erwünschte Wirkung zu erzielen und lässt sich in modernen Gärten daher oft nur bedingt umsetzen. Das ist jedoch kein Grund zur Traurigkeit: Zum Glück herrscht im Privatgarten jeder selbst über sein grünes Reich, weshalb Sie sich nicht scheuen sollten, die Regeln an ihre persönlichen Wünsche und Bedürfnisse anzupassen.

Würdenträger im grünen Wams

Als formgebende Gehölze für das Gerüst des Gartens bieten sich alle Pflanzen an, die gut in Form geschnitten werden können. Ganz klassisch ist die Verwendung von Hainbuche (*Carpinus betulus*), Rot-Buche (*Fagus sylvatica*) oder Eibe (*Taxus baccata*) für Hecken und von Buchsbaum für die niedrigeren Beeteinfassungen. Insbesondere in kleine Gärten mag das jedoch dem einen oder anderen ein zu hoher Grünanteil sein, zumal Blütenschmuck in klassischen Barockgärten nahezu ausschließlich im späten Frühjahr und im Sommer anzutreffen ist. Mit einem Trick können Sie den Zierwert ihres Gartens erhöhen, ohne auf den Wintervorteil formaler Gärten zu verzichten – Hecken und Formgehölze sehen mit einer Schneehaube nämlich wunderbar festlich aus. Statt Hainbuchen- oder Eibenhecken können Sie zum Beispiel rotlaubige Berberitzen pflanzen,

Vor dem satten Grün der Hecke und der Buchseinfassung zeichnen sich die intensiv leuchtenden Rosenblüten besonders gut ab.

Der Kreis ist als geometrische Form in der barocken Gartengestaltung sehr beliebt. In diesem Beispiel wird er durch die Buchseinfassung und die Rosenhochstämmchen der Sorte 'Bonica 82' gleich doppelt betont. Die Kreisfläche kann mit Stiefmütterchen oder Gänseblümchen bepflanzt oder mit weißem Kies abgedeckt werden.

deren Blätter meist bis zum Neuaustrieb im nächsten Frühjahr haften bleiben.

Alternativ erzielen Sie wunderschöne Effekte, indem Sie die Ecken der Hecken mit Blütensträuchern betonen, etwa mit einer straff aufrecht wachsenden Forsythie der Sorte 'Goldrausch' (*Forsythia intermedia*). Auch die im Sommer blühenden Ziersträucher mit romantisch überhängenden Trieben wie beispielsweise die Kolkwitzie (*Kolkwitzia amabilis*) oder die Pracht-Spiere (*Spiraea vanhouttei*) lockern den formalen Rahmen auf, ohne den Gesamteindruck zu stören.

Bei den Beeteinfassungen lohnt es sich, ein wenig zu experimentieren: Verwenden Sie etwa Buchs in verschiedenen Grüntönen oder abwechselnd Buchs und die niedrige Blut-Berberitze (*Berberis thunbergii* 'Atropurpurea Nana'). Sie können den Buchs aber auch einfach durch Lavendel oder Immergrünen Gamander (*Teucrium lucidrys*) ersetzen. Regelmäßig zurückgeschnitten bleiben auch diese Arten jahrelang in Form.

Liebreizende Hofdamen

Innerhalb der grünen Schlossmauern hofieren den Königinnen herausgeputzte Gesellschafterinnen und schmucke Lakaien, die Sie nach verschiedenen Kriterien auswählen können. Wenn Sie sich am klassischen Vorbild orientieren, sollten Sie bei der Unterpflanzung der Rosenhochstämmchen vor allem zu niedrigen, kompakt wachsenden Blütenpflanzen greifen, die sich gut zu Mustern setzen lassen. Sommerblumen, die sich hierfür gut eignen, sind beispielsweise Strohblumen (*Helichrysum*), Löwenmäulchen (*Antirrhinum*), Studentenblumen, Stiefmütterchen, Leberbalsam (*Ageratum*) und Buntnessel (*Solenostemon scutellarioides*). Dazwischen können Sie mit Ziertabak (*Nicotiana*) oder Bechermalven (*Lavatera trimestris*) Akzente in der Höhengestaltung setzen – natürlich ohne den Hochstämmchen

Konkurrenz zu machen. Generell gilt: Je größer Garten und Beete, desto bunter darf der Pflanzenmix sein und desto kompliziertere Pflanzmuster können Sie ausprobieren.

Wo weniger Platz vorhanden ist, gewinnt die Gestaltung, wenn Sie von der klassischen barocken Beetbepflanzung abweichen. Lavendel oder Katzenminze etwa sehen als Unterpflanzung zauberhaft aus. Bei dieser Kombination sollten Sie allerdings ein wenig die Anstandsdame spielen und aufpassen, dass die beiden der Königin nicht zu sehr zu Leibe rücken: Rosen wünschen sich viel Platz zum Atmen. Außerdem bevorzugen sie im Gegensatz zu ihren beiden Kavalieren üppige Mahlzeiten, was Sie beim Düngen beachten sollten.

Storchschnabel (*Geranium*) ist ein nahezu idealer Rosenkavalier, denn er lässt seiner Angebeteten genügend Freiraum. Hier schmeicheln seine violetten Blüten der historischen China-Rose 'Old Blush', deren zarter Duft an Wicken erinnert.

Damit sich die Rosen in ihrer ganzen Pracht entfalten können, sollten ihre Kavaliere in Bezug auf Wuchshöhe und Ausbreitungsdrang eher von zurückhaltendem Wesen sein.

Attraktive Begleiter, die wie die Rose nährstoffreichen Boden bevorzugen und auch den nötigen Abstand zu wahren wissen, sind Duftnessel (*Agastache*), Sibirischer Storchschnabel (*Geranium wlassovianum*) und Steppen-Salbei (*Salvia nemorosa*).

Dazwischen können Sie noch Gräser wie den Blau-schwingel (*Festuca glauca*) einstreuen, die das Beet auch außerhalb der Hauptblütezeit schmücken. Für den Frühjahrsaspekt sollten Sie die Zwiebelblumen nicht vergessen: Solange die Rosen noch ruhen, führen Tulpen in leuchtenden Farben das Zepter und genießen gemeinsam mit Schneeglöckchen, Blausternchen (*Scilla*), Schneeglanz (*Chionodoxa*) und Traubenhyazinthen die ersten Sonnenstrahlen.

Zwischen Venus und Wasserspielen

Statuen, Springbrunnen und Sitzgelegenheiten können Ihrem Garten den letzten Schliff verleihen. Achten Sie jedoch darauf, nicht zu viele unterschiedliche Materialien zu verwenden. Besonders authentisch wirkt heller Stein.

Links: Sanft schmiegen sich die wildrosenähnlichen Blüten der Strauchrose 'Mozart' an die imposante Steinbalustrade und mildern ihre Strenge.

Rechts: Rosenbögen sind auch einzeln ein Hingucker, besonderes eindrucksvoll jedoch wirken mehrere hintereinander gesetzte Exemplare.

Wer schon einmal Versailles bei Paris oder die Herrenhäuser Gärten in Hannover besucht hat, weiß, dass man in einem Barockgarten mühelos etliche Kilometer zurücklegen kann, ohne auch nur einen einzigen Weg zweimal zu benutzen. Zum Glück laden überall anmutige Pavillons, im griechischen Stil gehaltene kleine Tempel aus Stein oder einfache Bänke dazu ein, eine Pause einzulegen und die kunstvoll angelegten Beete in Ruhe zu betrachten. Zu Zeiten Ludwigs XIV. dürften insbesondere die Damen in ihren prächtigen, aber schweren und beengenden Kleidern eine solche Atempause zu schätzen gewusst haben.

Über den praktischen Nutzen hinaus kommt den baulichen Elementen im Barockgarten aber noch eine weitere Aufgabe zu: Sie dienen als Blickfänge am Ende einer Sichtachse oder unterbrechen eine solche und wecken somit die Lust, den dahinter liegenden Bereich zu erkunden. Darüber hinaus sollten sie auch auf zurückhaltende, dem formalen Stil angepasste Weise den Kunstsinn und Machtstatus des Königs unterstreichen. Nun eignen sich heutzutage die wenigsten Gärten für den Bau einer eindrucksvollen Freitreppe. Doch auch im Kleinen können Sie den Glanz des französischen Hofes wieder aufblühen lassen. Neben den bereits erwähnten Bauwerken sind etwa Wasserspiele beliebte Stilelemente, die selbst in den kleinsten Garten passen – und sei es nur in Form eines Wandbrunnens. Die Mitte eines Rondells können Sie anstelle eines Rosenhochstämmchens mit einer Büste oder einer Statue schmücken. Oder Sie gönnen sich ein wenig Luxus und ersetzen die alte Gartenbegrenzung durch einen besonders kunstfertig gearbeiteten Zaun oder eine Mauer. Grundsätzlich gilt jedoch: Übertreiben Sie es nicht, sondern beschränken Sie sich auf wenige schöne Stücke.

Rosen im Cottage-Garten

Der Traum vom Landleben

Kindheitserinnerungen wecken und in Blütenträumen schwelgen: Gärten im ländlichen Stil verbreiten eine ganz besondere, heimelige Atmosphäre, wie geschaffen für glückliche und entspannte Stunden.

Verspielt und geheimnisvoll: Landromantik im Zeichen der Rose

Aus dem Vollen schöpfen, das ist der Wahlspruch ländlicher Gärten. So vielfältig wie die Natur selbst präsentieren sie sich zu jeder Jahreszeit in einem neuen, abwechslungsreichen Gewand.

Ein kleines Häuschen auf dem Land, zwischen Feldern, Wäldern und Wiesen – das ist der Traum vieler Menschen. Nicht jeder kann ihn sich erfüllen, manche wollen es auch gar nicht, schließlich hat auch das Leben in der Stadt seine Vorteile. Dennoch sehnen wir uns häufig nach der guten alten Zeit: Das Gefühl von Sonnenstrahlen, die in der Nase kitzeln, der Gesang des Zaunkönigs, der Duft nach Heu und Rosenblüten und natürlich der unvergleichliche Geschmack von Omas leckerer Erdbeertorte – Kindheitserinnerungen, die Sie wiedererwecken können, selbst in einem kleinen Stadtgarten. Alles, was Sie dazu brauchen, sind jede Menge Pflanzen, das eine oder andere nostalgische Accessoire und ein klein wenig Geduld.

Bei der Planung des Gartens gilt: So minimalistisch und formal der barocke Gartenstil ist, so üppig und verspielt präsentiert sich der ländliche Garten. Erlaubt ist, was gefällt, vom rustikalen Bauerngarten bis hin zu den nach englischem Vorbild gestalteten, prächtig anzusehenden Mixed Borders. Gehölze, Gräser, Stauden und Sommerblumen stehlen sich dabei jedoch nicht etwa gegenseitig die Schau. Vielmehr tragen sie alle ihren Teil zu dem großen Blütenfeuerwerk bei, das Besucher entzückt und Passanten auf dem Bürgersteig einen Moment innehalten lässt.

Eben weil die verschiedensten Pflanzen zusammenwirken, beschränkt sich das farbenfrohe Schauspiel auch nicht allein auf den Sommer: Sobald der letzte Schnee geschmolzen ist und die ersten Strahlen der Frühjahrssonne die Erde erwärmen, schieben bereits die ersten Zwiebelblumen ihre Triebe aus dem noch klammen Boden, dicht gefolgt von Frühlingsboten wie Blaukissen, Steinkraut und Veilchen. Stehen diese in voller Blüte, locken auch schon die ersten früh blühenden Rosen Bienen, Hummeln und Schmetterlinge an. Im Juni hat die Rosenblüte ihren Höhepunkt erreicht und ein lieblicher Duft erfüllt die Luft. Rundum ergänzen Prachtstauden und Sommerblumen den Farbenreigen. Die Kulisse ist wie geschaffen für fröhliche Sommerfeste mit Freunden und lauschige Stunden unterm alten Apfelbaum, dessen Krone längst üppig blühende Ramblerrosen erobert haben.

Gereicht wird zum Kaffee natürlich die berühmte Erdbeertorte, deren Früchte noch ein paar Stunden zuvor zwischen Kopfsalat und Schmuckkörbchen (*Cosmos bipinnatus*) auf dem Beet Sonne getankt haben. Eine klare Aufteilung zwischen Zier- und Nutzgarten gibt es im Küchengarten nämlich nicht: Ein Rosenhochstämmchen in der Mitte eines kleinen Rondells und Beetein-

Landidylle: Hier sind Besucher herzlich willkommen und ein kleiner Plausch unter Nachbarn macht umgeben von duftenden Rosenblüten noch mal so viel Spaß.

Strauchrosen

Bank

Rasen

Stammrose

Rosenbogen

niedrige Buchshecke

Brunnen

Terrasse mit
Natursteinplatten

Haus

Rindenmulch

Hainbuchenhecke

Pergola

fassungen aus Buchs oder Kräutern gliedern ihn zwar in Parzellen. Doch innerhalb derer tragen Sommerblumen, Stauden und Gemüse einen lustigen Wettbewerb um die schönsten Farben und Formen aus. Warum auch unnötig streng sein, wenn doch gelbstieliger Mangold und dunkelgrüner Palmkohl wunderbar mit Dahlien und Zinnien harmonieren.

Accessoires aus Großmutters Zeiten vervollkommnen das Bild vom unbeschwerten Landleben: Am rosenberankten Eingangstor lehnt eine alte Milchkanne, als sei sie nur vorübergehend dort abgestellt worden und unter dem Pflaumenbaum scheint eine Zinkwanne auf eine üppige Ernte zu warten. Der Holzrechen an der Wand des schon leicht verwitterten, aber dadurch nur umso authentischeren Holzschuppens wird hingegen tatsächlich noch genutzt – wenn sein Besitzer nicht gerade kuchenessend mit seinen Freunden und Verwandten in Kindheitserinnerungen schwelgt.

Bei der Gestaltung eines Gartens im Landhaus-Stil können Sie aus dem Vollen schöpfen: Ob großer oder kleiner Garten, lassen Sie viele unterschiedliche Bereiche entstehen, die auf einen spannenden Rundgang einladen – so wie bei unserem gezeichneten ländlichen Rosengarten. Hier kann man es sich schon auf der Terrasse im Schatten einer rosenberankten Pergola gemütlich machen. Direkt an den Sitzplatz schließt der Bauergartenbereich an, dessen Beetformen von niedrigen Buchshecken betont werden. In den Beeten selbst tummelt sich eine bunte Mischung aus Rosen, Kräutern, Sommerblumen und Stauden. Beide Eingänge des Mini-Bauerngartens schmücken Rosenbögen mit blütenreichen Kletterrosen. Hat man sich an dem farbenfrohen Blütenmix sattgesehen, bietet der langgestreckte Gartenbereich im Cottage-Stil Erholung: Hier beruhigen die sanften Pastellfarben von Fingerhut, Glockenblumen, Phlox und Lavendel das Auge. Duftende Beet-, Edel- und Hochstammrosen verströmen ihr köstliches Aroma. Üppige Strauchrosen geben Rückendeckung, wenn man nach der Gartenerkundung eine wohlverdiente Pause auf der gemütlichen Holzbank einlegt. Nun fehlen nur noch ein paar schnatternde Gänse oder watschelnde Laufenten zum perfekten Landhaus-Glück.

So geben Sie Ihrem Landhaus-Garten verschiedene Gesichter: Im Bauerngarten wird die bunte Mischung aus Stauden, Rosen und Sommerblumen in formalen Beeten präsentiert. Im Cottage-Garten blühen Stammrosen und pastellfarbene Stauden in Beeten, die durch eine sattgrüne Rasenfläche verbunden werden.

Blühende Wegweiser durch den Cottage-Garten

Im ländlichen Garten grünt und blüht es an allen Ecken und Enden: Da leuchten herrlich anzusehenden Staudenrabatten um die Wette, der Küchengarten lockt mit allerlei Naschwerk und ein schattiges Plätzchen unterm Kirschbaum lädt zum Pausieren ein. Bei so viel wunderbarem Überfluss ist das Auge dankbar, wenn es einige markante Punkte findet, auf denen es einen Moment

Wer Rosen liebt, kann dies bereits an der Haustür zeigen: In einen großen hohen Topf gepflanzte Hochstämmchen oder Kleinstrauchrosen bereiten Ihren Gästen einen herzlichen Empfang. Als Ergänzung bieten sich kleinere Töpfe mit Lavendel an.

Als Unterpflanzung für Rosenhochstämmchen eignen sich natürlich auch Kleinstrauchrosen. Tipp: Damit das Beet nach der Hauptblüte nicht kahl erscheint, sollten Sie Sorten mit unterschiedlichen Blütezeiten wählen.

ruhen darf. Einige Rosenarten sind durch ihre Form und Größe wie geschaffen für diese Aufgabe.

Ein alter Bekannter aus dem Barockgarten eröffnet den fröhlichen Blütenreigen: das Rosenhochstämmchen. Doch wo es nach den Regeln des formalen Gartenstils noch in enge Formen gezwängt war, darf es hier seine romantische Note entfalten. Oft fügt es sich sogar deutlich harmonischer in die locker-leichte Beetbepflanzung ein, wenn die Kugelform der Krone nicht allzu starr eingehalten wird. Falls Sie ein paar vorwitzige Triebe entdecken, dürfen Sie also ruhig einmal fünfe gerade sein lassen, statt gleich zur Schere zu greifen. Ganz sparen können Sie sich den Formschnitt bei einer Hochstamm-Variante, die für den ländlichen Garten wie geschaffen scheint, den Kaskadenrosen. Die auf Stämmchen gesetzten Kletter- oder Kleinstrauchrosen sind zum Verlieben schön und behalten ihre charakteristische Form mit den malerisch überhängenden Trieben von alleine bei.

Wer sein Herz nicht ohnehin schon an die Rosen verloren hat, dürfte spätestens bei der nächsten Rosengruppe mächtig Herzklopfen bekommen: Mit seinen Englischen Rosen ging David Austin Mitte des 20. Jahrhunderts in die Geschichte der Rosenzüchtung ein. Diese wundervollen Geschöpfe, die in keinem Cottage-Garten fehlen dürfen, verbinden die Robustheit und die lange Blütezeit moderner Rosen mit dem nostalgischen Charme der Alten Rosen. Das Ergebnis ist im wahrsten Sinn des Wortes atemberaubend: Hunderte von üppigen, dicht gefüllten Schalenblüten verströmen einen betörenden Duft, der seinesgleichen sucht. Damit nichts von diesem Genuss ablenkt, sollten Sie als Begleiter niedrigere, optisch zurückhaltende Stauden auswählen, etwa Storchschnabel.

Oben: Samtig rote Blüten, etwa die der Kletterrose 'Sympathie', sind für den rustikaleren Bauerngarten wie gemacht.
Unten: Die Apotheker-Rose (*Rosa gallica* 'Officinalis') gibt ländlichen Gärten als Rosenhecke den passenden Rahmen.

Weiß und Grün – Für Nachtschwärmer

Grün und Weiß – kaum zu glauben, dass man keine weitere Farbe braucht, um ein perfektes Beet zu gestalten. Wer dem Zauber dieser minimalistischen Kombination erst einmal verfallen ist, kann sogar seinen gesamten Garten oder große Bereiche in Weiß gestalten. Das berühmteste Vorbild dafür ist der „Weiße Garten" von Sissinghurst, den Vita Sackville-West und ihr Mann Sir Harold Nicolson angelegt haben. Auch hier ist der eindrucksvollste Zeitraum die Rosenblüte, wenn dort viele Strauchrosen der Sorte 'Schneewittchen' und die Ramblerrose *Rosa mulliganii* blühen.

Weiße Rosen können Sie immer gut untereinander kombinieren. Setzen Sie noch ein paar weiß blühende oder silberlaubige Stauden und viel Grün dazu, wird Ihr weißer Gartentraum wahr. Das grüne Gerüst eines weißen

Rosengartens können geschnittene Gehölze bilden. Dunkelgrüne Eibenhecken eignen sich als Beethintergrund und zur Abgrenzung des Gartenraums. Niedrige Buchsbaumhecken fassen einzelne Beete ein und mit geschnittenen Kugeln, Kegeln, Quadern und Pyramiden kommen klare, ruhige Formen in die Pflanzung. Damit Weiß nicht nur in den Blüten der Rosen auftaucht, sollten Sie diesen einige weiß blühende Stauden an die Seite stellen. Zarte Begleiter, die den Rosen nicht die Schau stehlen, sind zum Beispiel Gefülltes Mutterkraut 'Sissinghurst White' (*Tanacetum parthenium*), weiß blühende Prachtkerze 'Whirling Butterflies' (*Gaura lindheimeri*), Riesen-Schleierkraut (*Crambe cordifolia*) und weiße Sorten der Katzenminze (*Nepeta* 'Snowflake') sowie des Steppen-Salbeis (*Salvia nemorosa* 'Schneehügel'). Nicht fehlen dürfen die Weichzeichner: Silberlaubige Stauden wie Woll-Ziest (*Stachys byzantina*), Edeldistel (*Eryngium*) und Silberraute (*Artemisia ludoviciana* 'Silver Queen') runden das Bild ab und sorgen für einen sanften Übergang vom Weiß der Blüten zum Grün der Blätter. Wer nun noch das

Ein grün-weißes Beet zum Nachpflanzen, 9 m² groß:

1 Kaskadenrose 'Apfelblüte' (1 Stück, Stammhöhe 140 cm)
2 Kleinstrauchrose 'Innocencia' (8 Stück, 50 cm hoch)
3 Buchsbaum (*Buxus sempervirens* 'Blauer Heinz', 120 Stück, 20–30 cm hoch)
4 Römische Teppich-Kamille (*Chamaemelum nobile* 'Treneague', 25 Stück, 10 cm hoch)
5 Gelbbunter Zitronen-Thymian (*Thymus* × *citriodorus* 'Lemon Variegated', 20 Stück, 30 cm hoch)
6 Weißbunter Dost (*Origanum vulgare* 'Polyphant', 14 Stück, 30 cm hoch)

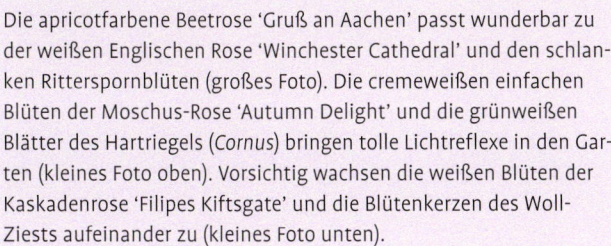

Die apricotfarbene Beetrose 'Gruß an Aachen' passt wunderbar zu der weißen Englischen Rose 'Winchester Cathedral' und den schlanken Rittterspornblüten (großes Foto). Die cremeweißen einfachen Blüten der Moschus-Rose 'Autumn Delight' und die grünweißen Blätter des Hartriegels (*Cornus*) bringen tolle Lichtreflexe in den Garten (kleines Foto oben). Vorsichtig wachsen die weißen Blüten der Kaskadenrose 'Filipes Kiftsgate' und die Blütenkerzen des Woll-Ziests aufeinander zu (kleines Foto unten).

absolute i-Tüpfelchen für seinen weißen Rosengarten sucht, füllt die Lücken im Beet mit weißpanaschierten Blattschmuckstauden, zum Beispiel mit den Funkien 'Fire and Ice' oder 'Lakeside Cupcake' (*Hosta*). Für schattigere Gartenbereiche können Sie weißgrün panaschierte Sorten der Segge (*Carex* 'Snowline' oder 'Silver Sceptre') wählen.

Blütenpracht auf allen Etagen

Auf dem Rücken im Gras liegen, in den Himmel schauen und die Gedanken schweifen lassen … Im ländlichen Garten macht das gleich noch mal so viel Spaß, denn so hat man einen wunderbaren Blick auf die duftigen Blütenwolken von Kletterrosen und Ramblern. Diese beiden Gruppen gehören zu den dankbarsten Rosen überhaupt und lassen sich auch von kühlen Sommern mit viel Regen nicht unterkriegen: Gemäß dem Motto „wenn die Sonne nicht scheint, muss man eben selbst für Stimmung sorgen" bringen sie mit ihrer unglaublichen Blütenfülle den Garten zum Leuchten. Einsatzmöglichkeiten finden sich mehr als genug. Schon am Gartentor begrüßt etwa die Sorte „Laguna" von einem Rosenbogen aus Besucher mit ihren pinkfarbenen, dichtgefüllten Blüten und einem intensiven fruchtigen Duft. Sie zählt zu den auch Climber genannten Kletterrosen, die zwischen 2,5 und 4 m hoch werden und ein Gerüst benötigen, an dem sie sich mithilfe ihrer Stacheln verhaken können. Insbesondere bei glatten Metallgestellen sollten Sie die Haupttriebe aber zusätzlich festbinden, damit sie bei Wind oder Regen nicht umkippen. Mit Climbern können Sie verwunschene Lauben schmücken, Sichtschutzelemente an der Terrasse begrünen oder Rankobelisken im Beet zum Erblühen bringen – und das über viele Wochen hinweg, denn die meisten Rosen dieser Gruppe sind öfter blühend.

Luftig wirkender Sichtschutz: Rosafarbene Sorten wie 'Jasmina' oder 'Apple Blossom' passen gut zu durchbrochenen Rankgittern.

Sonniges Traumpaar: Geißblatt und
die Englische Rose 'Teasing Georgia'.

*Wenn Sie Rambler oder
Climber mit anderen
Kletterpflanzen kombi-
nieren möchten, sollten
sich die Partner in Größe,
Wuchsfreudigkeit und
ihren Standortansprüchen
ähneln.*

Rambler hingegen fühlen sich zu Höherem berufen:
Ihre Triebe erreichen mit bis zu 10 m eine beeindru-
ckende Länge und sind so dünn und biegsam, dass sie
auch ohne Stütze ihren Weg finden. Pergolen erhalten
dank der emsigen Kletterer ein Dach aus Rosenblüten
und Mauern oder Hauswände verschwinden schon
nach wenigen Jahren unter Kaskaden verführerisch
duftender Blüten.
Rosafarbene Sorten wie 'American Pillar' oder weiße
Klassiker wie 'Bobby James' oder 'Paul's Himalayan
Musk' verleihen selbst einem alten Holzschuppen ein
romantisches Antlitz und erwecken in die Jahre gekom-
mene Obstbäume zu neuem Leben. Zumindest vorübergehend, denn die Mehrzahl der Rambler blüht nur einmal, dann aber mit aller Kraft. Wenn Ihnen das nicht

genügt, können Sie nach neuen öfter blühenden Sorten
wie der nach Himbeere und Limette duftenden 'Kirschrose' Ausschau halten. Oder aber, Sie geben Ihren
Ramblerrosen andere Kletterpflanzen zur Seite, die den
Blütenreigen fortführen.
Apropos, eine traumhafte Kombination darf im Cottage-
Garten natürlich nicht fehlen: Rosen und Clematis.
Dieses wunderschöne Paar bezieht seine besondere
Magie aus den gegensätzlichen Blütenformen: Die zarten runden Rosenblüten scheinen sich zärtlich an die
weit geöffneten Blütensterne der Waldreben zu schmiegen, ein Sinnbild für Liebe und Vertrauen. Noch reiz-
voller wird das Arrangement, wenn Sie verschiedene
Farben wählen, etwa eine hellrosafarbene Rose und
eine lilafarbene Clematis.

Rosige Aussichten

Der ländliche Garten soll nicht nur Geborgenheit und Intimität vermitteln, sondern auch ein Gefühl von Freiheit und Lebensfreude. Hohe Mauern oder dunkle Eibenhecken werden daher zwar bedingt als Hintergrund für bunte Staudenbeete geduldet, ansonsten aber wo irgend möglich durch blühende Hecken und niedrige Zäune ersetzt. Letztere eignen sich besonders gut, wenn Sie nur einen kleinen Garten haben und den ohnehin begrenzten Platz nicht für ausladende Heckenpflanzen opfern möchten. Außerdem ist der Gartenzaun neben seiner Eigenschaft als Grundstücksbegrenzung auch ein beliebter Treffpunkt für einen freundschaftlichen Plausch mit dem Nachbarn. Richtig gute Laune macht beispielsweise die Kombination aus einem in frischem Weiß gestrichenen Staketenzaun und einer apricotfarbenen Ramblerrose wie der nostalgisch anmutenden, dichtgefüllten Sorte 'Aloha'.

Wer es lieber etwas privater mag, jedoch ohne das Gefühl, eingeengt zu sein, für den sind gemischte Blüten- oder Rosenhecken die erste Wahl. Da die meisten Blütensträucher höher als 1,5 m werden, eignen sich für gemischte Hecken vor allem größere Rosenarten. Wildrosen wie die Wein-Rose (*Rosa rubiginosa*), die Essig-Rose (*Rosa gallica*) oder die Bibernell-Rose (*Rosa spinosissima*) fügen sich in natürliche Hecken harmonisch ein. Durch geschickte Arten- und Sortenwahl blühen derartige Hecken über Monate hinweg.

Mit viel nostalgischem Charme bezaubern in diesem Zusammenhang Alte Rosen, etwa die verführerisch duftende Damaszener-Rose (*Rosa damascena*), die öfter blühende Bourbon-Rose (*Rosa borboniana*) und die dicht gefüllte Hundertblättrige Rose (*Rosa centifolia*). Da sie mit ihren prächtigen Blüten alle Blicke auf sich ziehen, sollten Sie sie jedoch nicht unmittelbar hinter ein Staudenbeet pflanzen, das wäre schlicht zuviel des Guten. Ebenso verhält es sich mit reinen Rosenhecken aus niedrigen bis halbhohen Beet- oder Strauchrosen: Sie sollten nicht in Konkurrenz mit blühenden Beeten treten, sehen jedoch als Hecke im Vorgarten oder vor einem niedrigen Lattenzaun allerliebst aus.

Ein Sichtschutz aus Rosensträuchern ist nützlich und attraktiv zugleich.

Erwecken Sie die Illusion einer riesigen Rosenhecke, indem Sie Ramblerrosen, wie hier 'Paul's Himalayan Musk', in bestehende Hecken hineinwachsen lassen.

Schwungvoll geplant

Einem Regenbogen gleich schillert der ländliche Garten in den herrlichsten Farben – und sieht dabei jeden Tag ein wenig anders aus, einer geschickten Gestaltung sei Dank.

Wenn es einen typischen Dornröschengarten gibt, so kommt ihm der Cottage-Garten wohl am nächsten. Auf verschlungenen Wegen wandelnd, gelangt man zu Lauben, Pavillons und versteckten Nischen, die zum Verweilen einladen. Entlang des Wegs verschmelzen unzählige Rosen mit einer abwechslungsreichen Beetbepflanzung, die trotz ihrer Vielfalt an Farben und Formen wie natürlich gewachsen erscheint. Eben dies ist beim Landhausgarten die besondere Kunst, denn natürlich ist auch hier die Gestaltung wohldurchdacht.

Eine der wichtigsten Regeln lautet: Vermeiden Sie starre Formen. Beete mit geschwungenen Rändern wirken gleich viel offener und freundlicher. Betonen können Sie diesen Effekt noch, indem Sie die Begrenzungslinien zusätzlich von locker wachsenden Pflanzen wie Frauenmantel, Katzenminze oder polsterbildenden Glockenblumen gleichsam verwischen lassen.

Gerade in Stadtgärten fehlt jedoch oft der Platz für weitläufige Beete, bei denen die geschwungenen Konturen erst richtig zur Geltung kommen. Hier bieten sich die strengeren, geometrischen Beetformen des Bauerngartens an. In den buchsgesäumten Beeten selber können Sie dann durch die Farbwahl und eine geschickte Höhenstaffelung für Abwechslung sorgen.

Am harmonischsten wirkt der Beetaufbau, wenn mehrere Pflanzengruppen unterschiedlicher Höhe und Größe ineinander übergehen und dem Beet eine sanft gewellte Oberfläche verleihen.

Links: Kletterrosen, Strauchrosen und hohe Stauden mit kerzenförmigen Blütenständen sorgen in ländlichen Gärten für eine abwechslungsreiche Höhengestaltung.

Rechts: Blüten in Weiß oder in Pastellfarben leuchten in der Abenddämmerung besonders intensiv und laden zum entspannten Schlendern durch den Garten ein (Foto oben).
Es kommt nicht nur auf die Pflanzen an, auch nostalgische Accessoires wie diese Zinkgießkanne prägen den ländlichen Stil (Foto unten).

Weiß und Violett – Eleganter Blüten-Look

Weiß blühende Rosen bringen Helligkeit ins Beet und sorgen sogar noch in der Dämmerung für Lichtpunkte im Garten. Das unschuldige Weiß können Sie hervorragend mit extravagantem Violett mischen.

In Violett finden sich etliche wertvolle Rosenpartner. Allen voran sei hier natürlich der Lavendel erwähnt. Der duftende Mittelmeerstrauch muss jedoch mit Bedacht verwendet werden, denn zum einen wächst Lavendel mit der Zeit sehr ausladend und kann eine Rose bedrängen, zum anderen haben Rosen und Lavendel unterschiedliche Ansprüche an den Boden. Rosen mögen nährstoffreichen, gut gedüngten Boden, während Lavendel eher mageren Sandboden bevorzugt und kräftiges Düngen nicht verträgt. Halten Sie also zwischen Rosen und Lavendel ausreichenden Pflanz-

abstand und greifen Sie am besten auf kompakt wachsende Sorten, wie 'Dwarf Blue', 'Hidcote Blue', 'Munstead' oder 'Siesta' zurück.

Je nach Pflanzenauswahl passen Rosenkompositionen in Weiß und Violett zu den unterschiedlichsten Gartenstilen. In romantischen Landhausgärten fühlen sich zum Beispiel weiße Strauch- oder Beetrosen in zarter Begleitung von Katzenminze (*Nepeta × faassenii* 'Walkers Low' oder 'Six Hills Giant'), Steinquendel (*Calamintha nepeta*), Glockenblumen-Arten (*Campanula*), Steppen-Salbei (*Salvia nemorosa* in Sorten) und Feinstrahl (*Erigeron*) sehr wohl. Wer es nicht so wildverwunschen, sondern klassisch mag, pflanzt weiß blühende Rosen flächig und fasst diese mit einer duftenden Lavendelhecke ein. Pfiffig und modern wirkt ein Meer aus weißen Kleinstrauchrosen, aus dem ein paar Zier-Lauchblüten (*Allium* 'Purple Sensation', 'Round and Purple', 'Ambassador' oder 'Globemaster') hervorschauen oder über dem sich die federleichten Blüten des einjährigen Eisenkrauts (*Verbena bonariensis*) malerisch im Wind bewegen. Naturgartenliebhaber lassen

Ein weiß-violettes Beet zum Nachpflanzen, 9 m² groß:

1 Damaszener-Rose 'Mme Hardy' (1 Stück, 180 cm hoch)
2 Zwergrose 'White Babyflor' (15 Stück, 40 cm hoch)
3 Katzenminze (*Nepeta × faassenii* 'Walkers Low', 11 Stück, 80 cm hoch)
4 Sommer-Phlox (*Phlox paniculata* 'Violetta Gloriosa', 2 Stück, 100 cm hoch)
5 Steppen-Salbei (*Salvia nemorosa* 'Caradonna', 18 Stück, 50 cm hoch)
6 Hängepolster-Glockenblume (*Campanula poscharskyana* 'Blauranke', 8 Stück, 20 cm hoch)

Malerisch umspielt die violette Katzenminze ein Beet mit weißer Strauchrose, kleinblütigem Mutterkraut und Riesenschleierkraut – ein hübsches Gartenbild, in dem zwei filigrane Stühle zum Pausieren einladen (Foto rechts). Ein Duo zum Verlieben: Violettblauer Rittersporn und weiße Moschusrosen (kleines Foto oben). Zu einfach blühenden weißen Rosen passt wunderbar eine wildromantische Einrahmung mit Katzenminze und Storchschnabel (kleines Foto unten).

weiß blühende Ramblerrosen, zum Beispiel 'Bobby James', 'Lykkefund' oder 'White Flight', alte Obstbäume erobern und setzen in Nachbarschaft violett blühende Insektenmagnete, wie den Schmetterlingsstrauch (*Buddleja davidii* 'Nike', 'Nano Blue', 'Peacock', 'Empire Blue' oder *B. alternifolia*).

Sinn und Sinnlichkeit:
Ein Paradies für Genießer

Eintauchen in ein Meer schimmernder Blüten, sich dahin treiben lassen zwischen überbordenden Staudenbeeten und mit geschlossenen Augen den überwältigenden Duft Dutzender Rosen einatmen. Ein Sommermärchen, das nicht nur romantische Seelen zum Schwärmen bringt – und auch für Gartenanfänger schon bald in Erfüllung gehen kann, denn die Regeln für die Beetgestaltung im ländlichen Garten sind denkbar einfach.

Romantik oder Lebensfreude pur

Als Erstes sollten Sie überlegen, ob Sie sich eher am mädchenhaft-verspielten Stil eines englischen Cottage-Gartens orientieren möchten oder die Beete lieber den rustikal-fröhlichen Bauerngärten nachempfinden möchten. Von dieser Entscheidung hängt vor allem die Farbgebung ab. Haben Sie sich für den Cottage-Garten entschieden, stehen Pastelltöne ganz oben auf der Liste: Duftiges Rosa, schmelzendes Weiß, leuchtendes Himmelblau und zartes Gelb gepaart mit hellgrünen oder silbrig glänzenden Blättern verleihen dem Garten einen geradezu überirdischen Glanz und in heißen Sommern eine angenehme Kühle. Die hellen Farben haben zudem den Vorteil, dass sie auch noch im Dämmerlicht das Licht reflektieren, wodurch ein geheimnisvoller Schimmer von ihnen auszugehen scheint.

Bei einem solch bezaubernden Eingangsbereich wissen Besucher sofort, wo sie den Gastgeber suchen müssen.

Oben: Gesucht und gefunden: Strauchrose und Bart-Iris Ton in Ton.

Unten: Zartblaue Leinblüten umspielen die Englische Rose 'Evelyn'.

Sommerblumen schließen im Cottage-Garten die Lücken, die Tulpen, Trau-benhyazinthen und andere Zwiebelblumen nach ihrer Blüte hinterlassen haben. Einmal ausgesät, vermeh-ren sich viele von ihnen von Jahr zu Jahr selbst weiter. Besonders ausbrei-tungswilligen Geschöpfen wie der Akelei können Sie Einhalt gebieten, indem Sie die Blütenstände noch vor der Samenbildung abschneiden.

Rosen und Begleitpflanzen, die sich für diesen Gestaltungsstil eignen, gibt es viele. In der Beetmitte geben sich gerne die rosafarbene Englische Rose 'Gertrude Jekyll' und der hellblaue, gefüllt blühende Rittersporn 'Sunny Skies' ein Stelldichein, umringt von Glockenblumen, Katzenminze und Steppen-Salbei. Für den Beetabschluss können Sie zum Beispiel Woll-Ziest (*Stachys byzantina*), Frauenmantel oder Polster-Glockenblumen verwenden. Um sanfte Farbverläufe zu erzielen, werden die Pflanzen nicht bunt gemischt, sondern in Gruppen gesetzt.

Für zartgelbe Nuancen in Ihren Rosenbeeten sorgen Sie mit Nachtkerzen (*Oenothera*), Lilien, Frauenmantel oder auch durch die Rosen selbst, etwa mit der Englischen Rose 'The Pilgrim'. Neben der Farbwahl sollten Sie auf abwechslungsreiche Wuchs- und Blütenformen achten: Die eindrucksvollen Blütenkerzen von Rittersporn, Fingerhut oder Duftnessel bilden einen reizvollen Kontrast zu rundlichen Rosenblüten, während glockenförmige Blüten oder locker aufgebaute Stauden wie Schleierkraut oder Prachtkerze (*Gaura*) den verspielten Charakter des Beets unterstreichen.

Derweil eindrucksvolle Beet- und Strauchrosen oder Kletterrosen an Rankobelisken als Blickfänge dienen, wirken Grüppchen von Kleinstrauchrosen in den Rabatten wie Tupfer aus Zuckerguss. Als Strukturgeber besonders wichtig sind Blattschmuckpflanzen wie Farne und Gräser mit ihrem gleichmäßigen, horstartigen Aufbau. Auch Buchskugeln bereichern die Beetkomposition und sind wohltuende Ruhepole inmitten all der Pracht. Zwischen Randbeeten, die an Hecken oder Hauswände enden, und Rasenfläche schaffen Sie einen fließenden Übergang, indem Sie Blütensträucher an die Eckpunkte setzen. Kolkwitzie, Deutzie oder andere Arten mit überhängenden Trieben eignen sich hierfür besonders gut und betonen mit ihren rosafarbenen oder weißen Blüten den romantischen Aspekt des Cottage-Gartens.

Farbenpracht und Formenvielfalt

Rosa und Weiß findet man im Bauerngarten zwar auch, doch dominieren hier kräftige, strahlende Farben und es darf gerne bunt gemixt werden. Leuchtendes Gelb, Pink und Dunkelrot sind bei der Wahl von Beet- und Kleinstrauchrosen sehr beliebt. Tolle Effekte erzielen auch apricot- bis orangefarbene Sorten wie die Englische Rose 'Crown Princess Margareta', die in Kombination mit blauen Glockenblumen oder Rittersporn alle Blicke auf sich ziehen.

Bei der Wahl der Begleitpflanzen können Sie aus dem Vollen schöpfen. Nicht fehlen dürfen klassische Bauerngartenpflanzen wie Pfingstrosen, Tränendes Herz (*Dicentra*), Stockrosen (*Alcea rosea*), Flammenblume (*Phlox*), Sonnenhut (*Rudbeckia*), Bart-Nelken (*Dianthus barbatus*) und Rittersporn. Sommerblumen und Knollenpflanzen sorgen ebenfalls dafür, dass Ihnen frische Sträuße nie ausgehen, dazu zählen etwa Zinnien, Schmuckkörbchen (*Cosmos bipinnatus*), Akelei (*Aquilegia*), Goldlack (*Erysimum*) und Dahlien.

Um die Farbexplosion im Rahmen zu halten, sind die Beete oft mit Buchs oder duftenden Kräutern eingefasst. Eine formale Aufteilung mit einem Wegekreuz in der Mitte bringt die nötige Ruhe in die Gesamtkomposition. Typisch für den Bauerngarten ist die Mischung aus Zier- und Nutzpflanzen: Lauchstangen, Feuerbohnen und Kopfsalat wachsen hier in trauter Eintracht mit Ringelblumen, Jungfer im Grünen (*Nigella damascena*) und Studentenblumen.

Bei all der Pracht sollten Sie sowohl im Bauern- als auch im Cottage-Garten darauf achten, dass kleine Accessoires wie Rosenkugeln oder Scherenschnittfiguren aus Metall wohl hier und da aufblitzen können, aber nicht überhandnehmen. Wohldosiert dienen sie als Blickfänge – auch dann, wenn die Rosen und ihre Begleiter längst ihre wohlverdiente Winterruhe halten.

Rosenrote Luftschlösser

Ein gleichermaßen schönes wie nützliches Accessoire für den ländlichen Garten ist ein Pflanztisch aus Holz. Wenn Sie ihn im ersten Winter im Freien stehen lassen, bekommt er rasch eine schöne Patina.

Die wenigsten Menschen nennen ein gemütliches Cottage, einen alten Bauernhof oder gar ein ganzes Herrenhaus ihr Eigen. Das ist aber auch gar nicht notwendig, denn entscheidend für die Landhaus-Atmosphäre sind vor allem liebevolle kleine Details. Viele Zutaten dafür lassen sich auf Flohmärkten finden, in Antiquitätenläden auf dem Dorf oder einfach durch Nachfragen beim nächstgelegenen Bauernhof. Ein Wagenrad, ein Bollerwagen, eine Holzleiter, ein Zinkeimer – der Fantasie sind keine Grenzen gesetzt und manches, wie einen Lattenzaun oder ein Vogelhäuschen, können Sie sogar selber bauen.

Ihr besonderes Augenmerk sollten Sie auf die Sitzplätze richten, denn davon kann es im ländlichen Garten gar nicht genug geben. Im Vorgarten etwa bietet eine schlichte Holzbank Gelegenheit zum Verschnaufen oder, um besonders schön bepflanzte Blumentöpfe zu präsentieren. Von dort aus führt ein Weg aus Kies oder Natursteinpflaster in den Garten. Hier verlocken lauschige Lauben und Bänke in verschwiegenen Winkeln dazu, sich dem süßen Nichtstun hinzugeben. Oft genügt schon ein einfacher Klappstuhl unter dem so schön von der Abendsonne angestrahlten Birnbaum oder ein großer Findling am Teich, um aus scheinbar unscheinbaren Orten echte Lieblingsplätze zu machen. Bei schlechtem Wetter ist mit Sicherheit das nach englischem Vorbild gebaute und von Ramblerrosen eroberte Teehäuschen ein solcher Platz: Mit einem Buch und einer Tasse Tee lässt es sich hier stundenlang aushalten und dem Prasseln des Regens lauschen. Sobald jedoch wieder die Sonne vom Himmel lacht, ist Umziehen angesagt: Der offene Metallpavillon, über dem Rosen und Clematis ein lichtes Blütendach spannen, ist wie geschaffen für den nachmittäglichen Kaffeeklatsch. Besonders elegant sehen dazu weiß lackierte oder gusseiserne Gartenmöbel aus. Als Bodenbelag kommt wiederum Kies oder Natursteinpflaster infrage. Angelegte Wege gibt es übrigens meist nur im Küchengarten, ansonsten schlängeln sich großzügige Rasenwege zwischen üppig blühenden Rabatten hindurch.

Kleine Details wie ein rustikales Holzgatter (links Foto) oder nostalgische Kastendoppelfenster (rechtes Foto) versprühen einen ungeheuren Charme.

Naturnahe Rosengärten

Pflegeleichte Paradiese

Vögel zwitschern, Bienen summen und unter der Hecke raschelt ein Igel: Naturnahe Gärten sind Oasen für Mensch und Tier, in denen es sich wunderbar entspannen lässt. Dabei müssen Sie weder auf üppigen Blütenschmuck noch auf eine attraktive Gestaltung verzichten.

Natürliche Schönheit mit einem Hauch wilder Romantik

Vielerorts herrscht heute eine Leistungsgesellschaft, in der jeder jeden kontrolliert und hundert Prozent schon lange nicht mehr ausreichen. Diese Entwicklung hat auch vor unserem privaten Garten nicht haltgemacht: Durchgestylte Beete, Blumen, die durch jahrelange Züchtung so stark verändert wurden, dass die Ursprungsart kaum mehr erkennbar ist, Gemüse, das Höchsterträge bringt, aber ohne diverse Pflanzenschutzmittel keiner Blattlaus mehr standhält.

Doch jeder Trend bringt auch einen Gegentrend hervor: So wie sich immer mehr Menschen auf alte Werte besinnen und fast vergessene Traditionen wiederentdecken, so hat auch im Garten vor einiger Zeit ein Umdenken stattgefunden. Viele Pflanzenfreunde wollen die Natur nicht länger in ein enges Korsett menschlicher Ästhetikvorstellungen zwängen. Ihr Motto: Mit der Natur gärtnern. Dieser Trend hat mittlerweile viele Anhänger gefunden – aus gutem Grund, denn die große Pflanzenvielfalt und eine abwechslungsreiche, lebendige Gestaltung laden zu spannenden Streifzügen ein, auf denen es täglich Neues zu entdecken gibt. Das wissen auch viele Tiere zu schätzen, die den Garten im Nu zum lebendigen Biotop machen.

Dabei bedeutet ein Naturgarten bei Weitem kein ungeordnetes Chaos. Das Charakteristische an diesem Gartenstil ist vielmehr das ganzheitliche Denken. So sollten Sie etwa bei der Planung die Pflanzenarten ihrem natürlichen Standort entsprechend zusammenstellen. Solche Gesellschaften wirken nicht nur optisch besonders harmonisch, sondern sind auch optimal an die vorherrschenden Bedingungen wie Nährstoffe, Bodenfeuchte oder Licht angepasst und somit sehr gesund.

Fingerhut, dunkelrosafarbene Spornblume und feingliedriger Fenchel ziehen nicht nur alle Blicke auf sich, sondern auch viele Schmetterlinge und Insekten an. Der Durchgang in der mit Rosen berankten Steinmauer führt in den nächsten Gartenraum.

Kränkelnde Pflanzen sind nämlich umgekehrt meist ein Hinweis darauf, dass diese Voraussetzungen nicht erfüllt sind. Solche Exemplare sollten Sie entweder an einen günstigeren Platz pflanzen oder aber durch besser angepasste Arten ersetzen.

Ob bei der Gestaltung nur heimische Pflanzen verwendet werden, ist jedem selbst überlassen. In Bezug auf die Standortansprüche kommen durchaus auch viele nicht-heimische Arten infrage, beispielsweise der aus den Tropen und Subtropen stammende Sommerflieder (*Buddleja*), der bei Schmetterlingen äußerst beliebt ist. Wenn Sie nicht nur den bunt schillernden Faltern, sondern auch Bienen, Hummeln und anderen Insekten einen Gefallen tun möchten, sollten Sie auf Blumen mit gefüllten Blüten verzichten: Die zusätzlichen Blütenblätter sind umgebildete Staubblätter und stehen oft so dicht, dass sie das Naschen am süßen Nektar unmöglich machen. Bei zahlreichen Sorten wurde die Nektar- und Pollenproduktion sogar ganz eingestellt.

Viele Insekten fliegen hingegen auf Blütenpflanzen wie Glockenblumen, Nachtkerze (*Oenothera*) und diverse Kräuter, beispielsweise Dill und Thymian. Für einen reich gedeckten Tisch bedanken sich die kleinen Flieger und Krabbler, indem sie sich als Bestäuber betätigen und die Pflanzen zudem gegen allerlei Feinde verteidigen: Die Larven der Florfliege etwa können am Tag bis zu 100 Blattläuse aussaugen, was ihnen den Namen Blattlauslöwe einbrachte, auch der Marienkäfer tut sich täglich an Dutzenden der kleinen Schädlinge gütlich. Neben einem üppigen Nahrungsangebot sind viele Tiere für einige wilde Ecken dankbar, in denen sie sich verkriechen oder überwintern können: Ein Totholzhaufen für den Igel, eine Trockenmauer für Eidechsen, ein Gartenteich und Nisthilfen für Vögel, Fledermäuse und Insekten sorgen dafür, dass der Garten rund ums Jahr lebendig ist. Und das wiederum freut die Gartenbesitzer, denn Naturbeobachtungen aus nächster Nähe bereiten längst nicht nur Kindern Freude.

Gartenhaus

Wildrosen

Kiesterrasse

Haus

Holzdeck

Obstbaum
mit Rambler-
rose

Trittplatten

Vogeltränke

Rasen

Bank

Holzzaun

Rosenbogen

Viele Rosen, etwa die Strauchrose 'Gertrude Jekyll' (Blüte) oder der Rambler 'Kiftsgate' (Hagebutte), schmücken sich nach der Blüte mit attraktiven Hagebutten, die zahlreichen Vögeln als Nahrung dienen.

Ihr eigenes rosiges Naturparadies können Sie auch auf kleinen Grundstücken anlegen – wie unser Planbeispiel zeigt. Hier bildet eine kiesbedeckte Terrasse, die von einem altem Obstbaum samt üppiger Ramblerrose beschattet wird, den Treffpunkt für die ganze Familie. Weitere kuschelige Rückzugsmöglichkeiten bieten eine Gartenbank und das gemütliche Holzdeck vor dem Gartenhäuschen, das ebenfalls von einem Rambler berankt wird. Wer den natürlichen Charme einfach blühender Rosen auch am Sitzplatz erleben möchte,

In diesem natürlich gestalteten Garten schmiegen sich Beete in geschwungenen Formen an die Rasenfläche und viele Rambler sowie Wildrosen dürfen sich frei entfalten.

pflanzt Rosensorten wie die karminrote Zwergrose 'Lupo' oder die rosafarbene Kleinstrauchrose 'Sweet Pretty' in hohe schlanke Töpfe. Wind- und Sichtschutz geben Hecken mit Wildrosen, die sich zwanglos an der Grundstücksgrenze ausbreiten dürfen. Mensch und Insekt erfreut in den Pflanzbeeten ein fröhlicher Blütenmix aus einfach blühenden Rosen und Stauden, etwa Nachtkerze (*Oenothera*), Fingerhut (*Digitalis*), Kronen-Lichtnelke (*Lychnis coronaria*), Sterndolde (*Astrantia major*), Purpur-Leinkraut (*Linaria purpurea*) und violettblau blühenden Pfirsichblättrigen Glockenblumen (*Campanula persicifolia*). Inmitten dieser natürlich wirkenden Blütenpracht können Amsel, Drossel, Spatz & Co. ihrer Lieblingsbeschäftigung nachgehen: einem erfrischenden Bad in der Vogeltränke.

Von anziehendem Wesen

hochgezüchteten Edel-Rosen oder empfindliche Sorten verwenden. Ein Verzicht, den Sie kaum bemerken werden, so groß ist die Auswahl an Alternativen. Die schönste Wirkung erzielen Sie mit den robusten, aber wunderschönen Wildrosen und halb- oder ungefüllten Strauch- und Kleinstrauchrosen mit lockerem Aufbau. Sie fügen sich harmonisch in die natürliche Kulisse ein und betören oftmals mit einem unvergleichlichen Duft – eine Eigenschaft, die bei vielen ihrer auf Hochglanz polierten Verwandten im Laufe der Züchtungsarbeit auf der Strecke geblieben ist.

Besonders liebreizende Geschöpfe sind die beiden gelb blühenden Wildrosen *Rosa hugonis* und *Rosa spinosissima* 'Lutea', eine Bibernell-Rose. Beide öffnen ihre sonnenüberhauchten Blüten bereits im April und blühen die dann folgenden vier Wochen überreich an anmutig überhängenden Trieben. Gerade aufgrund ihrer frühen Blütezeit sind sie ein wundervoller Blickfang, sowohl in Hecken als auch einzeln in den Beethintergrund oder an eine Hausecke gepflanzt.

Wenn die beiden Goldkinder bereits die ersten Hagebutten bilden, setzen andere Rosen den Blütenreigen fort. Eine echte Schönheit ist die Zweifarbige Essig-Rose (*R. gallica* 'Versicolor'), die uns von Mai bis Juni mit halbgefüllten rosa-weiß gestreiften Blüten erfreut. Sie eignet sich sehr gut als Solitär, besonders in Nähe eines Sitzplatzes, denn sie verströmt einen schier atemberaubenden, sinnlichen Duft.

Ihrem Namen alle Ehre macht die Wein-Rose 'Magnifica' (*Rosa rubiginosa*): „Die Prächtige" oder „die Herrliche", wie sie auf Deutsch heißt, ist von Juni bis Juli über und über mit großen halbgefüllten Blüten besetzt. Diese sind zunächst leuchtend rosafarben, ändern ihre Farbe im Verblühen aber zu Lachsrosa. Die elegant überhängend wachsende Sorte lockt Gärtnernasen mit ihrem kräftigen süßen Duft, während Vögel vom reichen Hagebuttenbesatz begeistert sind.

Der Naturgarten ist überaus lebendig und unkompliziert, er lebt von der Vielfalt und dem Miteinander der Pflanzen. Diven, die ständig nach einer Sonderbehandlung verlangen, sind dort fehl am Platz. Aus eben diesem Grund sollten Sie bei der Gartengestaltung keine

Oben: Die Wildrosenblüten duften nicht nur wundervoll, sie eignen sich auch besonders gut, um daraus allerlei Köstlichkeiten wie Sirup, Gelee oder Likör zu zaubern.

Links: Langtriebige Kleinstrauchrosen wie 'The Fairy' können Sie auch an Rankobelisken und ähnlichen niedrigen Gerüsten emporleiten.

Blütengirlanden und Wipfelstürmer

In naturnahen Gärten ist immer etwas los – nicht nur am Boden, sondern auch in der Höhe:

Am blitzeblauen Sommerhimmel tummeln sich neben niedlichen Wolkenschäfchen auch zahlreiche Bienen, Hummeln und Schmetterlinge. Während die Himmelsherden sich jedoch ganz entspannt vom Wind dahintreiben lassen, haben die eifrigen Insekten ein ganz besonderes, verlockendes Ziel: die sich herrlich auftürmenden Blütenwolken der Ramblerrosen. Haben diese prächtigen Eroberer erst einmal im Garten Fuß gefasst, leuchten ihre Blüten weithin und erfüllen die Luft nicht selten mit herrlichem süßem Parfüm oder einem frisch-blumigen Duft.

Die klassischen Kletterrosen werden im Naturgarten nur selten verwendet, da sie meist stark gefüllte Blüten besitzen, die kaum Nektar produzieren und somit für Insekten uninteressant sind. Rambler hingegen sind wie geschaffen für eine naturnahe Gestaltung: Es gibt eine Vielzahl schwach- oder ungefüllter Sorten, die zur Blütezeit unzähligen Insekten als Nektarquelle dienen. Auch danach sind zahlreiche Mitglieder dieser Rosengruppe allerliebst anzusehen, da sie sich mit leuchtend roten oder orangefarbenen Hagebutten schmücken. Ihr malerischer Wuchs tut sein Übriges, um das wildromantische Flair des Naturgartens zu unterstreichen: Dank ihrer langen, geschmeidigen Triebe erobern Rambler ohne Weiteres auch große Höhen und verwinkelte Objekte – kein Wunder, bedeutet „to ramble" doch auf Deutsch so viel wie „wandern", „umherschweifen". Entsprechend sollten Sie den Himmelsstürmern genügend Platz bieten, damit sie sich richtig entfalten können: Pergolen verschwinden schon bald unter dichten Blütenkissen und auch Holzzäune erhalten im Nu eine zauberhafte Blütengirlande. Den wohl schönsten Effekt erzielen Sie jedoch, wenn Sie Ramblerrosen einen alten Baum erklimmen lassen. Diesem verhelfen Schönheiten wie die hellgelbe, später zu Weiß verblassende Sorte 'Goldfinch' oder die duftenden weißen Blüten von 'Rambling Rector' zu einem zweiten Frühling. Im Herbst tragen diese Rosen ganze Büschel glänzender Hagebutten, die Vögel, Eichhörnchen und andere kleine Nagetiere zum Festschmaus einladen.

Damit Ramblerrosen so malerisch in alte Bäume hineinwachsen, wie hier die weiß blühende Sorte 'Wedding Day', setzen Sie die Pflanzen am besten leicht schräg und mit rund 50 cm Abstand neben den Stamm.

Lebensraum Hecke: Wertvolles Refugium für viele Tiere

Gemischte Hecken gehören zu den wichtigsten Elementen im Naturgarten, denn sie sind Gestaltungselement und wertvolles Biotop in einem. Aus gärtnerischer Sicht sind sie unter anderem ein attraktiver Sichtschutz und halten gleichzeitig auf sehr effektive Weise den Wind ab. Darüber hinaus dienen sie aber vor allem zahlreichen Tieren als Lebensraum und Rückzugsgebiet: Singvögel etwa finden im Dickicht einen sicheren Nistplatz und Zuflucht vor Raubvögeln und Katzen. Igel machen es sich tagsüber im Unterholz bequem und tun sich nachts an Schnecken und Insekten gütlich, die sich ebenfalls gerne im feucht-kühlen Mikroklima der Sträucher aufhalten. Auch einige Nagetiere und Amphibien, die man nur selten zu Gesicht bekommt, profitieren von der Vielfalt der Hecke. Der Siebenschläfer beispielsweise ist für das reiche Angebot an Samen und Früchten dankbar, während die Erdkröte im Sommer im verrottenden Laub den Tag verschläft oder sich hier im Winter in ein Erdloch eingräbt.

Wildrosen sind in diesem Zusammenhang geradezu ideale Heckenpflanzen: Ihre duftenden Blüten ziehen unzählige Insekten an, ihre Stacheln wehren größere Eindringlinge ab und im Herbst sind ihre leuchtenden Hagebutten nicht nur eine Augenweide, sondern auch Futter für viele Vögel und Kleintiere. Geeignete Arten sind beispielsweise Hunds-Rose (*Rosa canina*), Essig-Rose (*Rosa gallica*), Wein-Rose (*Rosa rubiginosa*) und Bibernell-Rose (*Rosa spinosissima*). Da die meisten Wildrosen von eher ausladendem Wuchs sind, sollten Sie auf jeden Fall genügend Platz einplanen.

Um die Hecke sowohl optisch als auch ökologisch aufzuwerten, können Sie weitere blüten- und fruchttragende Wildsträucher zwischen die Rosen setzen, beispielsweise Schlehe (*Prunus spinosa*), Weißdorn (*Crataegus*), Berberitze (*Berberis vulgaris*) oder Kornelkirsche (*Cornus mas*).

Übrigens: Viele dieser Wildfrüchte munden nicht nur den Tieren, sondern auch dem Menschen. In Jahren mit überreichem Fruchtbehang zaubern darum die Schleckermäuler unter den Gärtnern aus Hagebutten, Schlehen, Berberitzen und Kornelkirschen leckere Liköre oder Gelees.

Wildrosen wie beispielsweise die Moschus-Rose (*Rosa moschata*) blühen zwar nur einmal, dann aber überreich. Tipp: Indem Sie die Rosen mit anderen Wildsträuchern kombinieren, können Sie die Blütezeit deutlich verlängern.

Natur im Wandel der Zeit

Ob Feldrain, Wiese oder Wald: In der Natur steht keine Pflanze ganz alleine an einem Fleck, sondern befindet sich stets in Gesellschaft anderer Arten. Der räumliche Übergang zwischen den einzelnen Gruppen ist fließend und verschiebt sich von Jahr zu Jahr: Wo eine Pflanze abstirbt, kann sich eine andere ansiedeln, die ähnliche Ansprüche an Boden und Licht stellt. So wandelt sich das Bild in einem fort und bietet doch immer einen harmonischen Anblick.

Die gleichen Regeln gelten für die Beete im naturnahen Garten: Ihre Bepflanzung orientiert sich zunächst an den Pflanzengesellschaften in der Natur. Innerhalb dieser Gemeinschaften dürfen die Arten wandern, wie es ihnen beliebt. Bei guter Bodenvorbereitung und sorgfältiger Pflanzenwahl müssen Sie dann höchstens einmal eingreifen, um ein paar Stauden zu teilen, wenn die Beetgrenzen für die eine oder andere Art allmählich zu eng werden.

Die Höhenstaffelung ist in der Natur an freistehenden sonnigen Plätzen weniger stark gestaffelt als etwa bei den klassischen englischen Staudenrabatten. Vielmehr wechseln sich hohe, mittelhohe und niedrigere Pflanzen ab, was Sie bei der Pflanzung im Garten von vornherein beachten sollten, um einen besonders natürlichen Effekt zu erzielen. In absonnigen bis schattigen Bereichen hingegen ist die Höhenstaffelung in der Natur und im Garten die gleiche, denn je lichtbedürftiger ein Pflänzchen ist, desto weiter wird es sich aus dem Dunkel herausstrecken. Schattenliebende Arten werden hingegen zurückgezogen im Hintergrund ausharren, damit ihre empfindlichen Blätter keinen Sonnenbrand bekommen. Setzen Sie die Pflanzen daher gleich in die richtige Reihenfolge, dann werden sie sich prächtig entfalten. Auf Rosen müssen Sie übrigens auch an absonnigen Stellen nicht verzichten: Vor allem die Wildrosen begnügen sich mit einem hellen Standort.

Oben: Akkurat geschnittene Rasenkanten und gepflasterte Wege wird man im natürlichen Garten vergeblich suchen. Stattdessen bestimmen natürliche Materialien und organische Formen das Bild.

Unten: Reizvolle Kontraste bilden die weißen Blütenkerzen des Schmalblättrigen Weidenröschens (*Epilobium angustifolium* 'Album') zu den etagenartigen Blüten des Brandkrauts (*Phlomis chrysophylla*) und den runden Blüten der Strauch-Rose 'Fritz Nobis'.

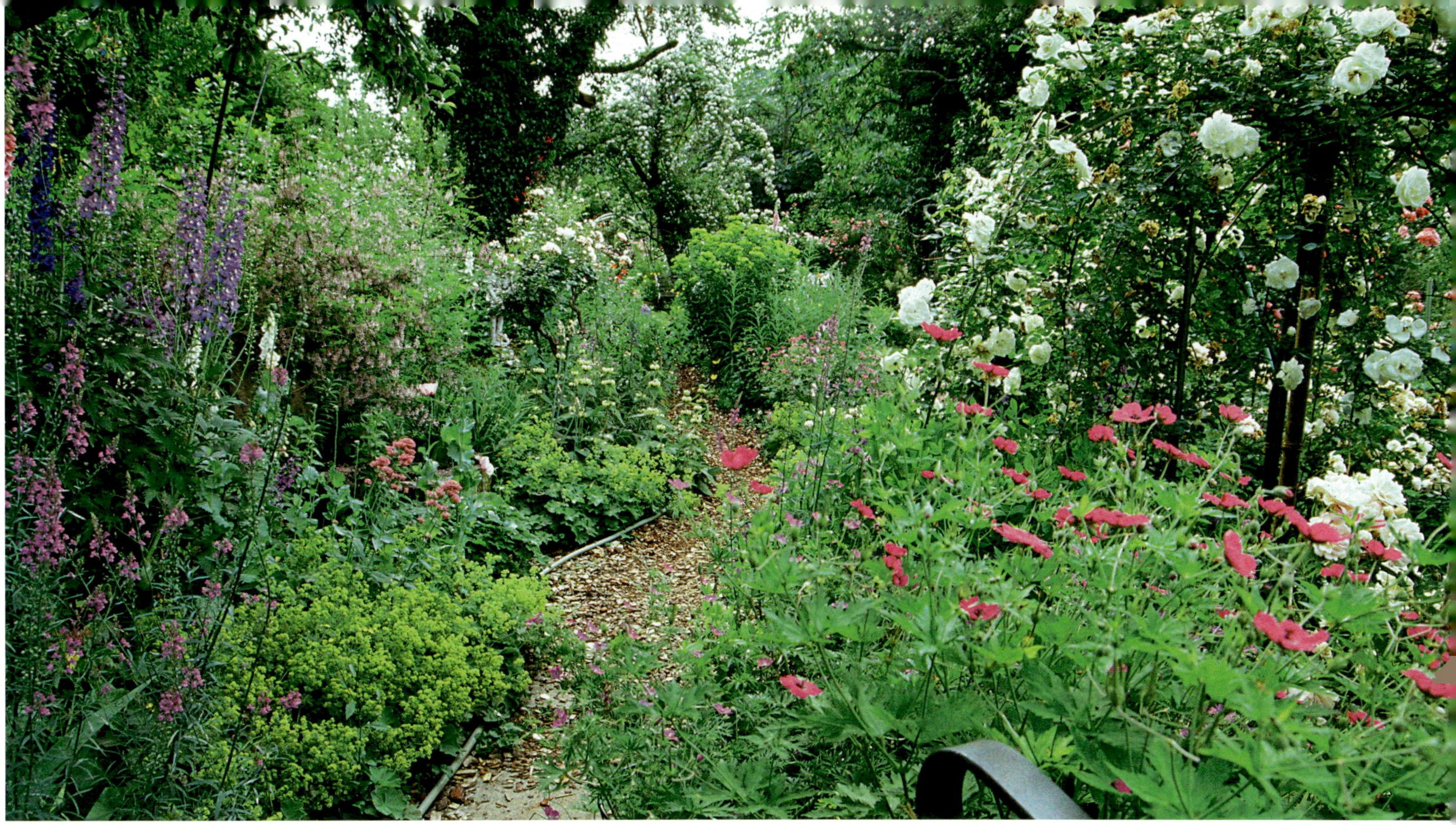

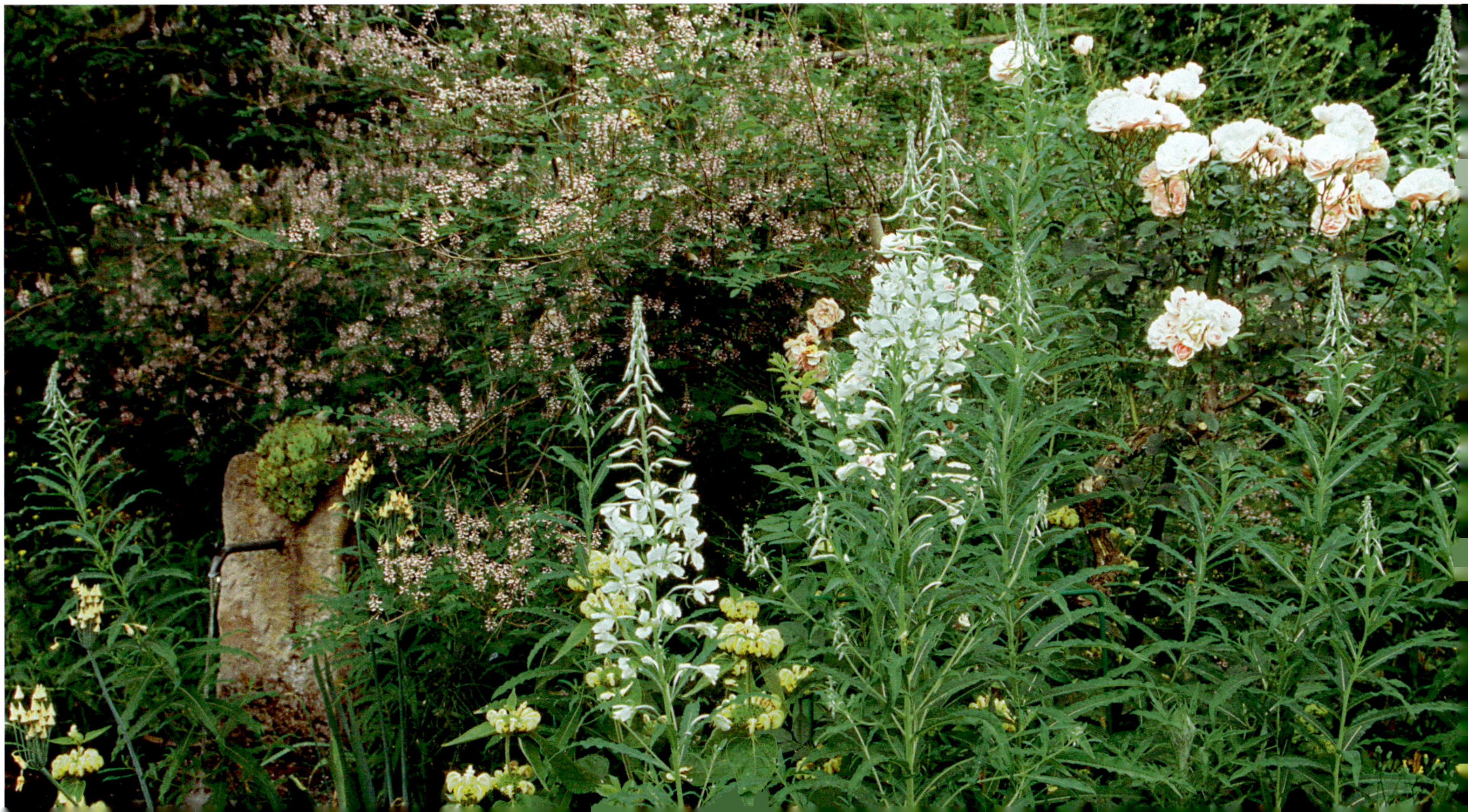

Gelb und Blau – Kraftvolle Farbpartner

Treffen sich zwei so intensive Farben wie das helle, freundliche Gelb und das kühle, ruhige Blau entstehen stimmungsvolle Beetkompositionen. Eine kleine, aber feine Auswahl gelb blühender Rosen finden Sie in allen Rosenklassen. Als Strauchrosen können Sie die Sorten 'Postillion', 'Lichtkönigin Lucia', 'Rugelda' sowie 'Johannes Rau' oder die Englischen Rosen 'Golden Celebration', 'Teasing Georgia' oder 'Graham Thomas' auswählen. Fürs Beet eignen sich Edelrosen wie 'Berolina' und 'Winter Sun' oder Beetrosen, zum Beispiel 'China Girl', 'Gelber Engel', 'Solero' und 'Westart'. Damit die Zusammenstellung mit blau blühenden Stauden, Sommerblumen und Sträuchern nicht zu kontrastreich wird, können Sie prima auch apricot- oder orangefarbene sowie violett blühende Rosenpartner dazugesellen.

Zu den wichtigsten blau blühenden Rosenkavalieren zählen mehrjährige Stauden, beispielsweise Rittersporn (*Delphinium*), Steppen-Salbei (*Salvia nemorosa* 'Blauhügel' und 'Mainacht'), Glockenblumen (*Campanula carpatica* 'Blaue Clips', *C. cochleariifolia* 'Bavaria Blue', *C. persicifolia*, *C. poscharskyana* in Sorten), Scabiose 'Perfecta', Kugel-Distel (*Echinops ritro* und *E. banaticus* 'Taplow Blue'), Astern in Sorten, die Katzenminze-Sorte 'Gletschereis' (*Nepeta* × *faassenii*) und verschiedene Storchschnabel-Arten wie der Himalaya-Storchschnabel (*Geranium himalayense* 'Gravetye') und der Blaue Storchschnabel (*Geranium pratense* 'Orion'). In artenreichen Staudengattungen ist es dabei immer sinnvoll, sich die Blütenfarben genau anzusehen. Allzu oft allzu oft entpuppt sich ein vermeintlich blauer Rittersporn oder Steppen-Salbei als eine violett blühende Sorte.

Wer ein Rosenbeet mit blau blühenden Sommerblumen aufpeppen möchte, der kann Zier-Salbei (*Salvia pratensis*) oder Jungfer im Grünen (*Nigella damascena*) zu den gelben Blumenköniginnen setzen. Als langlebiger, allerdings in rauen Klimagebieten auch frostempfindlich, präsentieren sich die im Sommer blühenden Kleinsträucher

Ein gelb-blaues Beet zum Nachpflanzen, 9 m² groß:

1 Gelbe Strauchrose (Sorte 'Postillion', 1 Stück, 150 cm hoch)
2 Hellgelbe Kleinstrauchrose (Sorte 'Celina', 3 Stück, 60 cm hoch)
3 Dunkelblauer Rittersporn (*Delphinium elatum* 'Waldenburg', 1 Stück, 150 cm hoch)
4 Hellblauer Rittersporn (*Delphinium elatum* 'Sunny Skies', 2 Stück, 160 cm hoch)
5 Skabiose (*Scabiosa caucasia* 'Perfecta', 8 Stück, 70 cm hoch)
6 Blauer Storchschnabel (*Geranium pratense* 'Johnson's Blue', 8 Stück, 40 cm hoch)

Blaue Rosenkavaliere finden sich unter den bodendeckenden Stauden, etwa der Storchschnabel (kleines Foto oben), und unter den imposanten Beetstauden beispielsweise der Rittersporn (kleines Foto unten). Mit einer gelben Strauchrose und Storchschnabel können Sie Ihren Vorgarten wunderschön und pflegeleicht gestalten (großes Foto).

Säckelblume (*Ceanothus*) und Bartblume (*Caryopteris*). Ein Traumpaar für die dritte Dimension an Pergolen, Pavillons, Rosenbögen und Rankobelisken sind gelb blühende Kletterrosen, etwa 'Dukat' oder 'Golden Gate', mit blauen Waldreben (*Clematis* 'Arabella', 'Lasurstern', 'William Kennett', 'Perle d'Azur', 'Fujimusume', 'Anna Herman' und 'Prince Charles').

Rund ums Jahr attraktiv

Warum in die Ferne schweifen, wenn das Gute liegt so nah! Wer einen Naturgarten anlegt, dem wird dieser Satz häufig durch den Kopf gehen, unabhängig davon, ob es sich um ein großes Grundstück mit Streuobstwiese und Bachlauf handelt, oder um ein kleines, aber feines Stadtgärtchen. So viel Leben, so viel Abwechslung ist schon auf wenigen Quadratmetern möglich, dass man sein persönliches Paradies bald nicht mehr missen mag, dem jede Jahreszeit ihren ganz eigenen Zauber verleiht.

Was mit bunt gemixten Pflanzen aus aller Herren Länder oft nicht gelingt, ergibt sich im naturnahen Garten meist ganz von selbst: Er ist rund ums Jahr attraktiv, denn in einer natürlichen Pflanzengemeinschaft blühen und fruchten jeden Monat andere Arten. Ein wohldurchdachtes System der Natur, durch das die Pflanzen eine zu große Konkurrenz vermeiden – beispielsweise um Licht, die besten Bestäuberinsekten oder Tiere, die bei der Verbreitung der Samen mitwirken.

Stauden und Sommerblumen
vermitteln Leichtigkeit: Zart umspielt
das Riesenschleierkraut die Blüten
der Kleinstrauchrose 'Pink Meidiland'.

Gärtnern nach dem Vorbild der Natur

Den größten Erfolg werden Sie daher haben, wenn Sie natürliche Pflanzengemeinschaften nachahmen. Als Einfassung kann dies etwa eine gemischte Hecke aus Hunds-Rose (*Rosa canina*), Echtem Kreuzdorn (*Rhamnus catharticus*), Stein-Weichsel (*Prunus mahaleb*), Gewöhnlichem Liguster (*Ligustrum vulgare*) und Weißdorn (*Crataegus*) sein. Ihrem natürlichen Standort entsprechend, wiegen sich davor die duftigen weißen Blüten des Kleinen Mädesüß (*Filipendula vulgaris*) im Wind, umgeben von den rosafarbenen Blütenkränzen der Bunten Kronwicke (*Securigera varia*) und den leuchtend gelben Kerzen des Gewöhnlichen Odermennig (*Agrimonia eupatoria*). Ergänzen können Sie den

Reigen mit Karthäuser-Nelke (*Dianthus carthusianorum*), Gold-Aster (*Aster linosyris*) oder Purpur-Witwenblume (*Knautia macedonia*). Schmetterlingsliebhaber können im Übergangsbereich von Hecke zu Freifläche unauffällig einige Brennnesseln unterbringen, die den Raupen vieler Arten als Futterpflanzen dienen.

Wer Strauch- oder Kleinstrauchrosen pflanzen möchte, sollte Sorten mit Wildrosencharakter wählen, deren Blüten nur schwach gefüllt oder ungefüllt sind. Die Strauchrose 'Mozart' etwa trägt hübsche rosafarbene Blüten mit weißem Auge und anschließend zahlreiche kleine Hagebutten. Auch viele Kleinstrauchrosen wie die weiß blühenden Sorten 'Ravenna' und 'Apfelblüte' sowie die rosafarbenen Sorten 'Richard Strauss' und 'Venice' erfüllen diese Kriterien. Sie fügen sich in Steingärten harmonisch ein oder breiten ihre Triebe romantisch über Trockenmauern und Treppenvorsprünge. Bei den Rosenbegleitern sollten Sie Arten bevorzugen, deren Ansprüche an Licht, Bodenfeuchte und Nährstoffe denen der Rosen ähneln, also mit einem sonnigen

Durch eine wohlüberlegte Pflanzenkombination blüht es im Naturgarten vom Frühling bis zum Herbst in einem fort.

Platz und lehmiger, nährstoffreicher Erde zurechtkommen. Eine attraktive Ergänzung zu den rundlichen Blütenschalen der Rosen sind beispielsweise die eleganten blauvioletten Blütenkerzen des Langblättrigen Blauweiderichs (*Pseudolysimachion longifolium*), dessen Blätter im hellen Sonnenlicht silbrig schimmern. Auch die Pfirsichblättrige Glockenblume (*Campanula persicifolia*) oder der Armenische Storchschnabel (*Geranium psilostemon*) mit seinem filigranen Laub und den magentafarbenen Blüten sind gut geeignete Begleiter.

Kleine Tricks für traumhafte Beete

Eine ganze Reihe von Stauden passen zwar optisch sehr gut zur Königin der Blumen, bevorzugen aber im Gegensatz zu ihr eher durchlässigen, mageren Boden. Wenn Sie auf derartige Kombinationen setzen, sollten Sie die Rosen regelmäßig mit einer Portion Kompost versorgen, damit sie ihre Vitalität behalten. Farblich sehen zu weißen oder rosafarbenen Rosensorten Pastellfarben am schönsten aus. Ein traumhaftes Bild zeichnen Sie etwa mit locker wachsenden Arten wie Blauraute (*Perovskia*), Katzenminze (*Nepeta*) oder dem kamilleähnlichen Mutterkraut (*Tanacetum*). Als Randpflanzen oder als Begleiter für Kleinstrauchrosen eignen sich zum Beispiel Kriechendes Schleierkraut (*Gypsophila repens*) oder Duftsteinrich (*Lobularia maritima*). Sehr apart sieht eine Kombination mit Sonnenröschen (*Helianthemum*) aus, die breite Polster bilden, ohne die Rosen dabei zu bedrängen.

Zu dieser Komposition passt ein Hauch von Silber, wie ihn zum Beispiel Woll-Ziest (*Stachys byzantina*), Polster-Silberraute (*Artemisia schmidtiana*) oder Kugeldistel (*Echinops ritro*) mit sich bringen. Bläulich oder silbern schimmernde Gräser wie Blau-Schwingel (*Festuca glauca*), Blaustrahlhafer (*Helicotrichon sempervirens*) oder Blaugrünes Schillergras (*Koeleria glauca*) vervollkommnen die Sinfonie.

Die silbrig grauen Eminenzen können Sie auch für eine eher mediterrane Gestaltung und Pflanzungen mit Steppencharakter verwenden. In solchen Beeten geben die leuchtenden Blütenkerzen von Fackellilien (*Kniphofia*), Königskerzen (*Verbascum*), Junkerlilien (*Asphodeline lutea*) oder Steppenkerze (*Eremurus*) den Ton an, und es lassen sich gut rot oder gelb blühende Kleinstrauchrosen einstreuen. Zusammen mit anderen niedrigeren Pflanzen wie Nachtkerzen (*Oenothera*), Prärie-malven (*Sidalcea*) und Astern tragen sie zu einer abwechslungsreichen Höhengestaltung bei.

Erst blühen die Schwertlilien, dann die Rosen: Im naturnahen Garten sorgen die unterschiedlichen Pflanzenarten für viele verschiedene Höhepunkte.

Von rustikal bis mediterran: Geborgenheit im Schoße der Natur

Auch die Besitzer naturnaher Gärten möchten in ihren kleinen Paradiesen Erholung und Entspannung finden und nach einem Sommerregen möglichst trockenen Fußes von einem Ort zum anderen gelangen. Entsprechend müssen Sie auch im Naturgarten nicht auf Sitzplätze, Gartenhäuschen, Wege und Treppen verzichten, allerdings sollten Sie bei der Wahl der Baumaterialien besonders sorgfältig vorgehen.

Der natürlichste Baustoff überhaupt ist Holz. Dass Tropenholz für den ökologischen Garten nicht infrage kommt, sollte sich von selbst verstehen. Ergänzend sei jedoch gesagt, dass etwa Robinie Teakholz in Sachen Haltbarkeit kaum nachsteht und auch das Holz von Eiche oder Esskastanie sehr robust ist. Dieser Effekt lässt sich durch verschiedene physikalische Behandlungsmethoden noch steigern. Holz können Sie im naturnahen Garten beispielsweise für Pergolen oder Zäune verwenden, die Ramblerrosen rasch mit einem Blütenkleid schmücken. In Hanggärten sind Eisenbahnschwellen nachempfundene Balken zum Abstützen einzelner Terrassen sehr beliebt, allerdings müssen sie nach einigen Jahren ersetzt werden.

Wo Stein als Baustoff Verwendung findet, sollten Sie möglichst auf Naturstein zurückgreifen, also unbearbeitete Steine, oder Steine, die zumindest natürlich wirkende Bruchkanten und eine ungeschliffene Oberfläche aufweisen. Sie eignen sich sowohl für Treppenstufen als auch für Trockenmauern, die bei Eidechsen als Sonnendeck sehr beliebt sind. Droht Gefahr, verschwinden die kleinen Reptilien blitzschnell in deren Ritzen. Prinzipiell sollten im Naturgarten versiegelte Flächen vermieden werden. Anstelle eines Pflasterweges oder gar eines mit Betonplatten versehenen Sitzplatzes sind beispielsweise Kies, Rindenmulch oder Holzhäcksel als Untergrund für befestigte Plätze empfehlenswert. Mit einer entsprechenden Drainageschicht versehen, kann hier das Regenwasser ungehindert versickern. Allerdings sind diese Materialien ein wenig arbeitsintensiver, denn auch ein Unkrautvlies kann nicht jedes Pflänzlein am Durchwachsen hindern. Mulch und Holzhäcksel müssen zudem regelmäßig erneuert werden – was andererseits eine elegante Entsorgung von ohnehin anfallendem Schnittgut ermöglicht. Alternativ können Sie für Wege und Sitzplätze Naturstein verwenden.

In naturnahen Gärten dominieren oft warme, erdige Töne. Daher wirkt das Gesamtbild besonders harmonisch, wenn Sie auch bauliche Elemente entsprechend gestalten, wie in diesem Beispiel die ockerfarbene Mauer und die rostroten Gartenmöbel zeigen.

Moderne Rosengärten

Orte der inneren Einkehr

Eintreten und sich wohlfühlen: Weniger ist mehr, lautet die Devise in modernen Gärten. Dadurch schaffen Sie eine ideale Umgebung zum Abschalten und Auftanken – und können Lieblingspflanzen wie die Rose raffiniert in Szene setzen.

Urlaub für die Sinne: Entspannen in einer Oase der Ruhe

Wer sich nach einem stressigen Arbeitstag auf den Nachhauseweg macht, vorbei an blinkenden Leuchtreklamen, hupenden Autos und genervten Mitmenschen, der wünscht sich vor allem eines: Zur Ruhe kommen und endlich einmal abschalten. Das ist gar nicht so einfach in unserer schnelllebigen Welt, in der wir von einem Termin zum nächsten hetzen und uns selbst am Wochenende oft keine Pause gönnen.

Umso wichtiger werden daher die kleinen Fluchten und Rückzugsräume, in denen wir den kräftezehrenden Alltagstrott für einige Zeit hinter uns lassen und uns ganz auf uns konzentrieren dürfen. Der Garten ist ein solches Refugium, eine grüne Oase der Muße, ein Ort zum Innehalten und Auftanken. Ein moderner Gestaltungsstil kann diesen Prozess der inneren Einkehr unterstützen, denn eine klare Linienführung, geometrische Formen und eine zurückhaltende Farbgebung reduzieren die Sinneseindrücke auf ein wohltuendes Minimum. Dabei übernimmt dieser Stil viele Elemente von einem historischen Vorbild: dem Barockgarten. Beispielsweise spielen auch im modernen Garten in geometrische Formen geschnittene Gehölze eine große Rolle. Neben klassischen Arten wie Buchs, Liguster, Hainbuche und Eibe sind Säulen- oder Kugelformen diverser Gehölze sehr beliebt, die ihre Formen von alleine erlangen und nahezu ohne Schnitt auskommen. Auf der Beliebtheitsskala ganz oben stehen Kugel-Robinie (*Robinia pseudoaccacia* 'Umbraculifera'), Kugel-Ahorn (*Acer platanoides* 'Globosum') und Kugel-Trompetenbaum

Links: Spiel mit Farben und Formen: Grazile Gräser und leuchtende Blüten bilden einen reizvollen Kontrast zu den strengen baulichen Elementen.

Unten: Je üppiger die Blütenpracht ausfällt, desto zurückhaltender sollten die Farbgebung und die umgebenden Gestaltungselemente gehalten sein.

(*Catalpa bignonioides* 'Nana') sowie Säulen-Zierkirsche (*Prunus serrulata* 'Amanogawa') oder Säulen-Gold-Ulme (*Ulmus carpinifolia* 'Wredei').

Auch die Beete erinnern in ihrer reduzierten Gestaltung an barocke Gärten, wobei den Blattschmuckpflanzen ein besonders hoher Stellenwert zukommt. Blütenpflanzen werden wohldosiert verwendet und schmeicheln dem Auge mit zurückhaltender Eleganz – ein Grund, weshalb Rosen auch hier nicht fehlen dürfen. Dazwischen entfalten großzügige grüne Rasenflächen ihre erfrischende Wirkung.

Neben den gewachsenen, spielen bauliche Stilelemente im modernen Garten eine große Rolle. Das Spiel mit Materialien wie Beton, Glas oder Metall sorgt für spannende Akzente, ohne dabei die Sinne zu überreizen. Nicht zuletzt darum finden sich vielerorts auch asiatische Gestaltungselemente: In den asiatischen Ländern

Hainbuchenhecke

Kies

Kies

Trittplatten

Metallpergola
mit Kletterrosen

Spindelstein
aus Beton

Metallobelisk
mit Kletterrosen

formaler Gartenteich

Haus

Metallgerüst
mit
Kletterrosen

Holzdeck

China-
schilf

Rasen

Beton-
wand

Ziergräser

Kies

verstehen es die Gartenarchitekten seit vielen Jahrhunderten Holz, Stein und Bambus zu einem harmonischen Ganzen zu vereinen. Auch den beruhigenden Effekt von Wasser weiß man dort seit langem zu schätzen. Eine glitzernde, ruhige Wasserfläche, das Murmeln eines kleinen Bachlaufs oder ein lustig vor sich hinplätscherndes Wasserspiel sind daher häufig auch Bestandteil moderner Gärten. In solch einer entspannten Kulisse fügt sich eine bequeme Gartenliege samt darauf ausgestrecktem Besitzer wunderbar ein.

In unserem Planbeispiel lädt ein großzügiges Holzdeck dazu ein, direkt neben dem formalen Gartenteich bei einem gemütlichen Essen oder gemeinsamen Kaffee zur Ruhe zu kommen. Seitlich wird die Holzterrasse mit den duftenden Englischen Rosen 'Teasing Georgia', 'Crown Princess Margareta' und 'Golden Celebration' abgeschirmt. Über zwei Trittplatten gelangt man auf die sattgrüne Rasenfläche. Hier präsentieren sich auf drei quadratischen Inselbeeten moderne Metallobelisken, die von der apricotfarbenen Kletterrose 'Kordes' Rose Aloha' erobert werden. Den Fuß der Kletterrosen umschmeicheln violett blühende Stauden wie Steppen-Salbei, Storchschnabel, Glockenblumen oder Katzenminze, die auch die Unterpflanzung in den Randbeeten der Rasenfläche bilden. Der Höhepunkt in diesen Beeten ist eine unverputzte, rotangestrichene Betonmauer, vor der Rosen und drei stattliche Chinaschilf-Horste wirkungsvoll inszeniert werden. Rot gestrichene Betonobjekte tauchen als Stilelemente auch an den Enden der Kiesbeete und als würfelförmiger Sprudelstein am Teichrand auf. Wer den Alltagsstress hinter sich lassen möchte, findet beim Gang durch das mit Rosen und Ziergräsern bestückte Kiesbeet sein inneres Gleichgewicht wieder oder entspannt auf einer Liege unter der Pergola des kleinen Holzdecks. Schatten spenden hier die rote Kletterrose 'Amadeus' und die weiße Sorte 'Hella'.

Ein moderner Garten wirkt durch klare Formen und ausgewählte Pflanzen. Große Strauchrosen, Ziergräser und Rankgerüste mit Kletterrosen dominieren diese Anlage. Die Holzdecks, ein formaler Gartenteich, ein Kiesbeet mit Trittplatten, Rankelemente aus Metall und rot gestrichene Betonwände geben den passenden baulichen Rahmen.

Ein Schauspiel der Extra-Klasse

Ähnlich wie beim barocken Lustspiel können Rosen auch auf der modernen Gartenbühne zwei völlig gegensätzliche Rollen übernehmen: Wie auf den Leib geschneidert ist den edlen Blumen der Part der strahlenden Diva, die gerne im Mittelpunkt der Aufmerksamkeit steht, sich huldvoll den bewundernden Blicken des Publikums stellt und keine Konkurrenz duldet. Ebenso überzeugend sind sie jedoch in kleinen, aber feinen Nebenrollen. Weiße Kleinstrauchrosen etwa haben ständige Bestätigung nicht nötig: Behutsam eingestreut zwischen grüne Blattschmuckpflanzen, sind sie sich ihrer anziehenden Wirkung durchaus bewusst und können daher den Auftritt eines Rosenhochstämmchens oder einer anderen Primadonna neidlos anerkennen. Rosenhochstämmchen brauchen Sie, genau wie Kaskadenrosen, eigentlich kaum noch in Szene zu setzen, denn sie ziehen schon aufgrund ihrer Kronenformen alle Blicke auf sich. Natürlich benötigen solche Schönheiten dennoch eine entsprechende Kulisse. Die Gestaltung des Bühnenbildes sollten Sie dabei vor allem von der Farbe der Hauptakteurin abhängig machen: Je kräftiger der Ton der Rose, desto zurückhaltender sollten

Sie bei der Farbwahl der Begleitpflanzen vorgehen. Auch empfiehlt es sich in solchen Fällen, nicht zu viele verschiedene Pflanzenarten zu verwenden, damit die Komposition nicht zu unruhig wirkt und der entspannende Effekt des modernen Gartens erhalten bleibt. Statt es ins Beet zu pflanzen, können Sie dem Rosenhochstämmchen auch wortwörtlich eine besondere Stellung zukommen lassen, indem Sie es in einem attraktiven schlanken Pflanzgefäß auf der Terrasse präsentieren. Sehr elegant sieht beispielsweise ein weiß blühendes Stämmchen in einem anthrazitfarbenen Gefäß aus Eternit aus oder in einer Variante in Edelstahl-Optik.
In Terrassennähe oder in der Beetmitte haben Strauchrosen wie die modernen Sorten 'Angela' oder 'Herzogin Friederike' ihren großen Auftritt. Da sie von imposantem Wuchs sind, sollten Sie entsprechend Platz zur Verfügung haben, damit die den modernen Garten prägende Leichtigkeit erhalten bleibt. Dafür verzaubern diese Rosen nicht nur durch ihr Äußeres, sondern vielfach auch mit einem wunderbaren Duft, der den Garten zur Wellness-Oase macht.

Kunst mit praktischem Nutzen: So manche Skulptur entpuppt sich als echter Pflanzenfreund.

Rot und Gelb – Das Powerpaar

Sowohl Rot als auch Gelb gehören zu den warmen Farben, die sich gerne in den Vordergrund stellen und Räume kleiner erscheinen lassen. Somit ist eine Rot-Gelb-Kombination für kleinere Gärten weniger geeignet, zumindest, wenn die Farben sehr intensiv sind. Wer jedoch ausreichend Platz zur Verfügung hat, kann knallrote, blutrote, scharlachrote und karmesinrote Beet-, Kleinstrauch- und auch größere Strauchrosen effektvoll mit gelben Lilien, Taglilien (*Hemerocallis*), der Nachtkerze 'Sonnenwende' (*Oenothera tetragona*), Sonnenhut (*Rudbeckia fulgida*), Steppenkerzen (*Eremurus*) und sogar mit gelb blühenden Dahlien wie den einfach blühenden Sorten 'Andrea' und 'Golden Margaret' kombinieren. Um einen harmonischen Übergang von Rot zu Gelb zu schaffen, streuen Sie einfach ein paar

orange blühende Taglilien oder eine terrakottafarbene Schafgarbe (*Achillea filipendulia* 'Terrakotta') zwischen die anderen Beetbewohner.

Wenn das Rot einer Rose einen größeren Blauanteil aufweist, erscheint die Blüte eher wie Magenta und wirkt insgesamt kühler. Zu diesen kalten Rottönen passen auch kühlere Gelbtöne wie Grüngelb, Hellgelb oder Zitronengelb besser. In zartem Gelb blühen zum Beispiel die Schafgarbe 'Credo' (*Achillea filipendulina*), die helle Färberkamille (*Anthemis tinctoria* 'Sauce Hollandaise'), die Silber-Königskerze (*Verbascum bombyciferum* 'Polarsommer'), Frauenmantel (*Alchemilla mollis*) und die filigran wachsende Mädchenauge-Sorte 'Moonbeam' (*Coreopsis verticillata*).

Purpurrot ist eine Mischung aus Rot und Blau. Als Rosenfarbe wirkt es sehr edel und passt sowohl in moderne als auch in romantisch-verspielte Gärten. Purpurfarbene Rosen, etwa die Gallica-Rose 'Charles de Mills', können Sie wunderschön mit warmen, rötlichen Gelbtönen, die ins Apricotfarbene tendieren, in Szene setzen. Apricotfarben erscheinen zum Beispiel die Blüten der Taglilien 'Curls', 'Apricot Twist' oder 'Helle

Ein temperamentvolles Beet zum Nachpflanzen, 9 m² groß:

1 Rote Beetrose (Sorte 'Kordes' Rose Rotilia', 13 Stück, 70 cm hoch)

2 Steppenkerze (*Eremurus ruiter* 'Cleopatra', 3 Stück, 130 cm hoch)

3 Reitgras (*Calamagrostis* × *acutiflora* 'Karl Foerster', 1 Stück, 100–150 cm hoch)

4 Großblumige Taglilien (*Hemerocallis*-Sorte 'Aten', 1 Stück, 100 cm hoch)

5 Sonnenhut (*Rudbeckia fulgida* var. *sullivantii* 'Goldsturm', 8 Stück, 60 cm hoch)

6 Mädchenauge (*Coreopsis verticillata* 'Zagreb', 16 Stück, 30 cm hoch)

Die Kombinationen mit roten und gelben Beetrosen zeigt gute Fernwirkung – ideal für öffentliche Anlagen (großes Foto). Im Beet wird die Edelrose 'Baronne E. de Rothschild' effektvoll mit grüngelbem Frauenmantel ergänzt (kleines Foto oben). Für Pergolen und Pavillons bietet sich ein Duo aus der roten Kletterrose 'Paul's Scarlet Climber' und der kletternden *Clematis orientalis* an (kleines Foto unten).

Berlinerin' sowie die des zweijährigen Fingerhuts 'Sutton's Apricot' (*Digitalis purpurea*). Wer auf der Suche nach gelb blühenden Partnern für rote Kletterrosen ist, kann zum Beispiel *Clematis orientalis*, kletternde Geißblatt-Arten (*Lonicera similis* var. *delavayi*, *L. tellmaniana*) oder die Trompetenblumen-Sorte 'Flava' (*Campsis radicans*) wählen.

Reise in die dritte Dimension

Das Spiel mit dem Unvorhersehbaren, mit Stilbrüchen, die gleichzeitig überraschen und harmonisch wirken – diese Kunst beherrscht der moderne Garten wie kein anderer Gestaltungsstil. Immer wieder gelingt es ihm, scheinbar Altbekanntes in neue, ungewohnte Zusammenhänge zu rücken – so auch bei der Eroberung der dritten Dimension durch Kletter- und Rankpflanzen. In vielen Gärten sollen sich die Arrangements möglichst nahtlos in die Umgebung einfügen. Im modernen Garten hingegen ist oft genau das Gegenteil erwünscht. Einen solchen Aha-Effekt erzielen Sie beispielsweise durch eine ungewöhnliche Farb- und Materialwahl für die Rankgerüste. Oder Sie versuchen sich an einem Stillleben, wie etwa mehreren unterschiedlich hohen Stahlträgern, die Sie im Garten verteilen und von den Blütenschönheiten umfangen lassen. Am schönsten wirken derartige Wiederholungselemente, wenn Sie immer die gleiche Rosensorte verwenden.

Darüber hinaus bieten sich für Kletterrosen und ihre noch wuchsfreudigeren Schwestern, die Ramblerrosen, natürlich auch in modernen Gärten die üblichen Verdächtigen als Rankhilfen an: Kletterrosen sind die idealen Kandidaten zur Verschönerung von Sichtschutzgittern, die auf der Terrasse oder an anderen Sitzplätzen zudem den Wind abhalten. Moderne Sorten wie die pinkfarbene 'Laguna' oder 'Elfe', die mit grünlich weißen Blüten einen minimalistisch-eleganten Eindruck hinterlässt, sind öfter blühend und verbreiten zudem einen intensiven Duft. Damit Kletterrosen nach einem Sommerregen, wenn sich die zahlreichen Blüten mit Wasser vollgesaugt haben, nicht umkippen, sollten Sie die Haupttriebe am Rankgerüst festbinden.

Diese Maßnahme können Sie sich bei den temperamentvollen Ramblerrosen sparen: Dank ihrer bis zu 10 m langen, biegsamen Triebe, schlängeln sie sich gekonnt an Zäunen entlang und erobern Pergolen oder ganze Bäume auch ohne Hilfe. Auch hier finden sich viele Sorten, die mit ihrer ungewöhnlichen Blütenfarbe und zartem Duft punkten können: Die Sorte 'Bleu Magenta' etwa blüht zwar nur einmal, schmückt sich dann jedoch mit ganzen Büscheln tiefvioletter, dichtgefüllter Blüten. 'Long John Silver' hingegen trägt große reinweiße Blüten, die mit ihrer dichten Füllung an ein weiches Federbett erinnern und zum Beispiel wunderbar zu einer ganz in Grün-Weiß gehaltenen Umgebung passen.

Moderne Gärten können nicht nur eine beruhigende Wirkung haben, sondern auch eine sehr anregende, wie dieses Beispiel von der Chelsea Flower Show 2009 in London zeigt: Die Kombination aus verschiedenfarbigen Rosen und einem surrealistisch anmutenden Rankgerüst, das sich aus Ästen leicht nachbauen lässt, erinnert an „Alice im Wunderland".

Eleganz am laufenden Band

Ihren Vorgarten gestalten viele Menschen mit Absicht offen und einladend, schließlich wird hier oft lieber Besuch in Empfang genommen. Im eigentlichen Garten hingegen wünschen sich die meisten ihre Ruhe und möchten vor neugierigen Blicken geschützt sein, das ist auch im modernen Garten nicht anders. Allerdings unterscheiden sich hier oftmals die Stilmittel, mit denen die Gartengrenze zum Wind- und Sichtschutz wird, von denen anderer Gärten. Sehr beliebt sind bauliche Elemente wie Mauern aus den verschiedensten Materialien oder moderner Holzelemente, aber auch Pflanzen spielen eine große Rolle.

Wer es dabei schnell und praktisch liebt, kann natürlich auf Kirschlorbeer (*Prunus laurocerasus*) zurückgreifen. Allerdings ziert dieser mittlerweile jeden zweiten Neubaugarten, sodass man sich schnell daran sattgesehen hat. Weitaus vielfältiger präsentieren sich da die Heckenrosen. Für Hecken werden meist Arten und Sorten verwendet, die sich durch ihren Wildrosencharakter auszeichnen, weshalb sie von vielen nur mit Naturgärten in Verbindung gebracht werden. Zu Unrecht, denn ihrem Charme und ihrer Blütenfülle erliegt auch so

mancher moderner Rosengärtner. Hecken aus Wildrosen, etwa der stark duftenden Wein-Rose (*Rosa rubiginosa*) oder der bei Bienen sehr beliebten Vielblütigen Rose (*Rosa multiflora*), bilden einen reizvollen Kontrast zu unverputzten Betonmauern – verkörpern sie doch das Ursprüngliche, Wilde. Auch eine Kombination mit Glas- oder Spiegelelementen wirkt mit solchen nahezu lückenlos wachsenden Rosen am attraktivsten.

Doch auch wer gefüllt blühende Rosen oder Blüten mit Edelrosencharakter bevorzugt, wird mit Sicherheit fündig: Strauchrosen, wie die johannisbeerrote 'Red Eden Rose' oder die apricotfarbene Englische Rose 'Ausfather' des berühmten Züchters David Austin, wärmen die Herzen moderner Romantiker und bilden bis zu 1,5 m hohe Hecken. Die eleganten Blüten der cremerosafarbenen ADR-Rose 'Schloss Ippenburg' hingegen werden Edelrosen-Fans gefallen. Und am Fuße einer niedrigen Mauer oder eines Zauns sieht eine Reihe Kleinstrauchrosen allerliebst aus, etwa die himbeerfarbene ADR-Sorte 'Gärtnerfreude', die ihren Namen ihrer Robustheit verdankt, oder 'The Fairy', deren Blüten in märchenhaftem Hellrosa leuchten.

Für nahezu jedes Gestaltungselement findet sich eine moderne Spielart. Wer sich etwas Besonderes gönnen möchte, gibt eine Anfertigung nach den eigenen Wünschen in Auftrag.

Bruch mit Konventionen:
Perspektivenwechsel beleben den Garten

Die Rose 'Eliza' ist robust und wird bis 120 cm groß, mit ihren silbrig rosafarbenen Blüten passt sie gut zu kühl wirkenden Materialien wie Glas oder Metall.

Wie bereits erwähnt, haben sich die modernen Gartengestalter vieles von ihren Vorgängern aus dem Barock abgeschaut, um die einzelnen Elemente anschließend einer spannenden Neuinterpretation zu unterziehen. Das trifft auch auf die Beetgestaltung zu. Im Barock spiegelten die imposanten Gartenanlagen den Prunk und die Macht der Fürsten und Könige wieder, und die kunstvoll bepflanzten Beete wurden als Fortsetzung der prachtvollen Ball- und Bankettsäle inszeniert. Insofern waren sie eng mit dem angrenzenden Schloss verbunden und bildeten eine gestalterische Einheit.

Die Einheit von Gebäude und Garten ist auch für die moderne Gartengestaltung charakteristisch, sie geht jedoch noch einen Schritt weiter: Pflanzen und Beete sind hier untrennbar mit den baulichen Elementen und den verwendeten Materialien verknüpft, das Wieder-

aufgreifen oder das Kontrastieren eines Elements bestimmen das Spiel.

Wenn Sie an die Gartenplanung gehen, sollten Sie sich daher von der gebräuchlichen Unterscheidung zwischen Beet und Terrasse, Pflaster und Rasen, Pflanze und Baustoff lösen. Sie werden überrascht sein, welch reizvolle und bisweilen bizarre Effekte dadurch entstehen. Sie können zum Beispiel eine hohe Skulptur anstelle eines Strauches oder einer Prachtstaude im Rasen oder Beet platzieren, oder auf bunte Blüten ganz verzichten und stattdessen auffällige farbige Accessoires deren Signalfunktion übernehmen lassen.

Eine besondere Raffinesse liegt in der Umkehr gewohnter Anblicke: Anstatt Wege durch den Garten zu planen, schlängeln sich Beete zwischen Holzpodesten hindurch oder durch große Flächen aus Kies, Stein und anderen Materialien. Oder Sie bilden mit Kies, Spiegeln oder blankpoliertem Marmor eine Wasserfläche im Garten nach, während sich das echte Wasser in Mini-Teichen auf der Terrasse wiederfindet.

Leicht erhöht liegende Stege aus unterschiedlichen Materialien führen durch den Garten. Das Wort Blütenmeer bekommt hier eine ganz neue Bedeutung.

Ton in Ton – Immer ein Blickfang

Stilvolle Rosenbeete, ganz Ton in Ton gehalten, ziehen stets alle Blicke auf sich. Je nach Farbwahl entstehen Kompositionen mit den unterschiedlichsten Atmosphären: Temperamentvoll und feurig wird es mit Orange und Rot, romantisch mit Rosatönen, sommerfrisch mit Gelb und edel mit Purpur und Violett.

Wichtig bei Ton-in-Ton-Ensembles ist, dass Sie Übergänge von dunklen zu hellen Farbabstufungen schaffen, wobei sich die Nuancen einer Farbe nicht beißen dürfen. So sollten Sie keinesfalls Lachsrosa mit Pink oder Blutrot mit einem bläulichen Rot kombinieren. Stilvoll wirkt es jedoch immer, wenn passende Blattschmuckpflanzen das Farbthema aufnehmen, also zum Beispiel in einem roten Beet auch rotbraunlaubige Purpurglöckchen (Heuchera 'Palace Purple', 'Mocha' oder

'Purple Petticoats') auftauchen oder in einem gelben Rosenbeet gelb- oder grüngelblaubige Funkiensorten ('August Moon', 'Golden Tiara' oder 'Gypsy Rose') untergebracht werden.

In alle Gartenstile können Sie wunderbar gemischte Rosenbeete in Rosa integrieren. Ein klassisches Trio für den Romantik-Look sind hellrosa blühende Beetrosen, wie 'Larissa' oder 'Crescendo' in Begleitung von rosa blühendem Schleierkraut 'Rosenschleier' (*Gysophila*) und rosa Sommer-Phlox-Sorten, etwa 'Dorffreude' oder 'Kirmesländer'. Für den modernen Rosengarten können Sie kräftiges Pinkrosa wählen, beispielsweise in Form der einfach blühenden Kleinstrauchrosen 'Phlox Meidiland' und 'Juanita'. Dazu setzen Sie freche rosarote Stauden wie die Prachtkerze 'Gambit Rose' (*Gaura lindheimeri*) oder den Ehrenpreis 'Rotfuchs' (*Veronica spicata*). Wer es noch leuchtender und fröhlicher mag, kombiniert gelbe Kleinstrauchrosen, zum Beispiel 'Limesgold' oder 'Loredo', mit der Taglilie 'Stella d'Oro' (*Hemerocallis*) und dem goldgelben Mädchenauge 'Grandiflora' (*Coreopsis verticillata*). Wie ein samtiger Schleier wirkt dagegen ein Arrangement in Bordeauxrot. Dies könnte aus der wunderbar duftenden Eng-

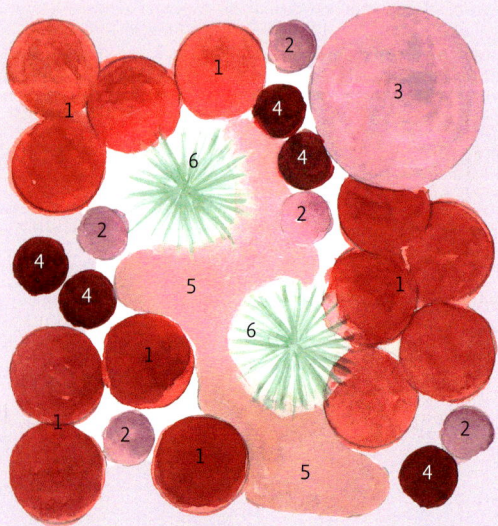

Ein harmonisches Beet in roten Tönen zum Nachpflanzen, 9 m² groß:

1 Beetrose 'Pomponella' (13 Stück, 80 cm hoch)
2 Purpur-Königskerze (*Verbascum phoeniceum*, 5 Stück, 90 cm hoch)
3 Busch-Malve (*Lavatera olbia* 'Kew Rose', 1 Stück, 160 cm hoch)
4 Kronen-Lichtnelke (*Lychnis coronaria*, 5 Stück, 70 cm hoch)
5 Rosa Sterndolde (*Astrantia major* 'Roma', 10 Stück, 50 cm hoch)
6 Silberährengras (*Stipa calamagrostis* 'Allgäu', 2 Stück, 80 cm hoch)

Wunderbar aufeinander abgestimmt sind die Farben in diesem orange-roten Beet mit Rosen, Nelkenwurz, Bronze-Fenchel, rotlaubigen Purpur-glöckchen und Fetthenne (großes Foto). Purpurrote Alte Rosen passen perfekt zu den kunstvoll geformten Blüten der roten Sterndolde 'Moulin Rouge' (kleines Foto oben). Der nicht ganz winterharte violette Bartfa-den (*Penstemon*) geht mit seinem rosafarbenem Schimmer eine Liaison mit der Englischen Rose 'Mary Rose' ein (kleines Foto unten).

lischen Rose 'Tradescant' oder einer kleinen Gruppe mit dunkelroten Edelrosen wie 'Barkarole' bestehen sowie aus dunklen Bartnelken (*Dianthus barbatus* 'Nigrescens'), roten Sterndolden (*Astrantia major* 'Ruby Wedding') und den hohen, tiefdunkelrot blühen-den Stockrosen 'Nigra' (*Alcea rosea*).

Viel Raum für Kreativität

Keine Bäume, keine Sträucher, keine Blumen: Japanische Zen-Gärten bestehen lediglich aus Kies, Moos und Felsbrocken. Durch diese minimalistische Gestaltung soll der Blick des Betrachters nach innen gelenkt werden, nichts soll ihn bei der Konzentration auf das Hier und Jetzt stören. Keine Angst, so karg sind selbst die puristischsten modernen Gärten nur selten gehalten. Zwar sollen auch sie dem Betrachter Ruhe vermitteln und ihn nicht mit einem grellen Farbmix überfallen. Doch lässt die moderne Gartenarchitektur dabei viel Spielraum für persönliche Vorlieben.

Moderne Gärten schließen sich meist an moderne Häuser mit Schräg- oder Flachdächern an, bei denen Materialien wie Beton, Stahl, Glas und entsprechend kühle Farben überwiegen. Bei der Gartengestaltung können Sie nun zunächst zwischen zwei Grundvarianten wählen: Wollen Sie die geometrischen Strukturen des Gebäudes und die auf wenige Töne reduzierte Farbgebung auf den Garten übertragen? Oder möchten Sie den harten Umrissen und den kühlen Farben filigrane Strukturen und sanfte Töne entgegensetzen?

Das Rechteck ist in diesem Beispiel das bestimmende Element. Die weißen Blüten der Strauchrose greifen die Farbe der Kiesfläche und des Hockers wieder auf.

Ernste Eleganz oder verspielte Kontraste

Beides hat seinen Reiz. Bei der ersten Variante finden sich die geometrischen Figuren des Hauses im Garten wieder: Die Würfel- oder Quaderform des Gebäudes können Sie zum Beispiel auf die Kronen von Gehölzen und Hecken übertragen, sie in Form eines Holzpodestes als Sitzplatz aufgreifen oder die Rasen- und Beetflächen rechteckig gestalten. Hinzu kommen Accessoires, beispielsweise eckige Pflanzgefäße oder Sitzbänke. Das

runde Fenster findet sich als spiegelnde Wasserfläche im hinteren Gartenteil, als Kiesfläche und natürlich in vielen Blüten wieder: Kugeldisteln (*Echinops ritro* und *E. bannaticus*) etwa passen mit ihren silbrig blauen Köpfen ebenso gut in moderne Gärten wie Zierlauch, Hortensien (*Hydrangea*) und zahlreiche Rosensorten. Ein eleganter Rosenbegleiter ist dabei die Silberraute (*Artemisia ludoviviana*), die mit ihren silbrigen Blättchen vor allem pastellfarbene Rosenblüten aufs Schönste umspielt. Auch Schleierkraut, Katzenminze

und weiße Feinstrahlaster (*Erigeron*) umgarnen die Königin der Blumen mit ihren zarten Blütenschleiern. Für den Beetrand eignen sich unter anderem der silbergraue Woll-Ziest, silberblaue Gräser (z. B. *Festuca ovina* 'Eisvogel') oder polsterbildende Glockenblumen wie *Campanula poscharskyana* oder *Campanula portenschlagiana*, am besten in Hellblau oder Weiß.

Weiß bildet bei der geometrischen Variante des modernen Gartens gemeinsam mit Grün in vielen verschiedenen Varianten die Grundfarben, da sich mit ihnen eine starke Kontrastwirkung erzielen lässt. Beide zusammen finden sich in zahlreichen Blattschmuckpflanzen wieder, zum Beispiel dem Efeu, vielen Gräsern wie etwa dem Zittergras (*Briza media* 'Zitterzebra') oder bei Funkien – von denen es darüber hinaus auch sehr edel wirkende blaugraue Sorten gibt. Ein wunderbar frisches Limonengrün für die Bepflanzung von Gefäßen auf Balkon und Terrasse bietet die Süßkartoffel 'Sweet Heart Light Green' (*Ipomoea batatas*). Für die Kombination mit Zwergrosen sind allerdings Sorten mit dunklerem Grün besser geeignet. Ein stylishes Duo bilden auch die dunkelpurpurfarbene Sorte 'Sweet Heart Purple' und hellrosafarbene oder weiße Rosen.

Die eben beschriebene Gestaltungsweise wirkt vor allem durch ihre Klarheit sowohl in der Linienführung als auch in der Farbgebung. Es geht jedoch auch ganz anders: Wo Gebäude und bauliche Elemente wie Terrassenpodest oder Wasserbecken dem Garten ohnehin eine gewisse Strenge verleihen, können Sie mit einer luftig leichten Bepflanzung reizvolle Kontraste schaffen.

Sanfte Farben schmeicheln dem Auge

Hierzu bieten sich Arten an, die für sich genommen bereits etwas Filigranes, Schwebendes haben, beispielsweise die lockeren Blütenstände von Prachtkerze (*Gaura lindheimeri*), Patagonischem Eisenkraut (*Verbena bonariensis*) oder Mädesüß (z. B. *Filipendula rubra* 'Venusta'). Auch Schleierkraut (*Gypsophila*), Riesen-Schleierkraut (*Crambe cordifolia*) und Wiesenraute (*Thalictrum delavayi*), etwa die blassviolette Sorte 'Hewitt's Double', verleihen selbst massiven Betonmauern eine fröhliche Leichtigkeit. Dazwischen setzen die vergleichsweise robust wirkenden Rosenblüten optische Ankerpunkte.

Die verspielte Gesellschaft kommt zudem den Edelrosen zugute, die für eine luftige Umgebung besonders dankbar sind. Mit ihren hoch erhobenen Blüten und ihren glänzenden Blättern kommen die Vertreter dieser modernen Rosenklasse wahrhaft königlich daher, wie die zart duftende hellgelbe Sorte 'Golden Silk' oder die lachsrosafarbene 'Souvenir de Baden-Baden'. Allein sehen sie bisweilen ein wenig verloren aus, aber in Gruppen gepflanzt und in Begleitung ihrer filigranen Staudenfreunde malen sie ein Bild von atemberaubender Brillanz und Schönheit. Achten Sie dabei stets darauf, nicht zu viele verschiedene Farben zu mixen, damit die Szenerie nicht zu unruhig wirkt: Schon mit wenigen Farben in verschiedenen Nuancen können Sie den Garten abwechslungsreich gestalten und gleichzeitig eine entspannte Atmosphäre schaffen.

Die rosafarbenen Blüten von 'Eden Rose 85' bilden einen interessanten Kontrast zur mit Rost überzogenen Oberfläche der Skulptur.

Kunst im Grünen

Die Bastler und Tüftler unter den Gärtnern werden den modernen Stil lieben, denn sie finden hier eine Spielwiese, auf der sie sich so richtig austoben können. Beton, Stein, Holz, Metall, erlaubt ist, was gefällt und woraus sich mit ein wenig Geschick spannende Gestaltungselemente schaffen lassen. Bei der Materialwahl sollten Sie sich zunächst an der Beschaffenheit des Wohnhauses orientieren: Besteht die Fassade beispielsweise im unteren Teil aus Beton und im oberen Bereich aus Holz, können Sie diese Kombination aufgreifen: Auf der gegenüberliegenden Gartenseite lädt dann zum Beispiel eine Sitzgelegenheit aus einer niedrigen Betonmauer mit aufliegendem Holzraster zum Verweilen ein. Dominieren hingegen Glas und Beton, können Sie diese Szenerie auch im Garten fortsetzen: Eine mit Rosen berankte Pergola aus kühlem Stahl taucht die Terrasse im Hochsommer in angenehmen Schatten und im Beet bricht sich das Sonnenlicht in Skulpturen aus farbigem Glas. Mit Bronze, etwa in Form eines Wasserspiels, können Sie in eine solch kühle Gestaltung Wärme bringen. Raffinierte Effekte lassen sich auch mit Spiegeln erzielen: An eine Mauer oder Hauswand angebracht, vergrößern sie den Garten optisch.

Längliche Gärten profitieren zudem von einer Gliederung in mehrere Bereiche. Als Raumteiler können Sie beispielsweise eine farbig angestrichene Mauer aus

Farben, Formen und Materialien: Dieses Beispiel zeigt, welch eindrucksvolle Effekte sich mit ein wenig Fantasie erzielen lassen. Damit das Gesamtbild nicht zu unruhig wirkt, nehmen Buchskugeln den größten Anteil der Bepflanzung ein.

Sichtbeton, also unverputztem Beton, einsetzen. Runde Gucklöcher oder schmale Fensterschlitze lassen die Wand weniger massiv wirken, zudem können Sie den Blick neugieriger Besucher so gezielt auf Ihre Lieblingsrosen oder andere Blickfänge lenken. Noch luftiger sieht ein Paravent aus feinen Holzlamellen aus. Dahinter könnte der richtige Platz für einen kleinen Zen-Garten sein. Kiesflächen wirken hier nicht nur als optischer Ruhepol: Das Rechen des Kieses soll eine meditative Wirkung haben und den Geist beruhigen.

Kreativität auf Schritt und Tritt

Auch beim Wegbelag und dem Untergrund der Sitzplätze können Sie Ihrer Fantasie freien Lauf lassen: Von einer ebenen Betonfläche oder individuell gegossenen Steinplatten bis hin zu beleuchteten Glasplatten oder Wegen aus Baumstammscheiben unterschiedlicher Größe ist alles möglich. Wichtig ist jedoch auch hier, immer das Gesamtbild zu betrachten: Die verwendeten Materialien sollten sich möglichst an anderen Stellen von Haus und Garten wiederfinden.
Spannende Effekte können Sie auch über die Höhengestaltung erzielen: Lassen Sie sich den Gartenweg aus sattgrünem Rasen in sanften Bodenwellen durch Ihr kleines Paradies schlängeln, während die Beete rechts und links auf einer Ebene verharren. Oder Sie schichten Boden im größeren Stil um und teilen einen ursprünglich ebenen Garten in mehrere Senken und niedrige Hügel auf. Wichtig bei derartigen Spielereien: Ihrer raumgreifenden Wirkung muss sich die übrige Gestaltung unterordnen und sollte entsprechend zurückhaltend ausfallen. Großzügige Rasenflächen und hohe Bambushorste eignen sich sehr gut, um die abstrakte Wirkung solcher Kunstlandschaften zu unterstreichen.

Das Farben-
feuerwerk der
Rosen

Die Königin der Blumen begeistert
mit einer unglaublichen Farbenvielfalt,
von Weiß über Orange bis Purpurrot.
Mit sorgsam ausgewählten Farbtönen
und Kombinationen präsentieren Sie
Rosen immer besonders eindrucksvoll
und passend für jeden Gartenstil.

In Farben schwelgen

Mit Farben lässt sich ein Garten fantasievoll gestalten. Speziell Rosen bieten eine sehr große Auswahl an verschiedenen Blütenfarben. Bei der Zusammenstellung dieser Farben spielt natürlich der individuelle Geschmack eine wichtige Rolle, aber glücklicherweise liegt eine stilvolle Farbwahl vielen passionierten Gärtnern im Blut. Nichtsdestotrotz ist es sinnvoll, sich an den Regeln der Farbenlehre zu orientieren. Als Grundlage dient der zwölfteilige Farbenkreis.

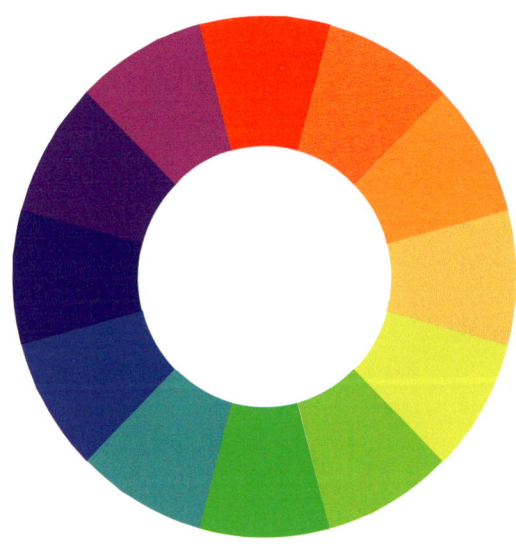

Auf einem Farbkreis können zueinander passende Nachbarfarben, die Farben des warmen oder des kalten Bereichs und Kontrastfarben abgelesen werden.

Lust auf Kombinationen

Je nach Farbzusammenstellung zeigen Rosenbeete und dementsprechend auch einzelne Rosensorten ganz unterschiedliche Charaktere: Edel und harmonisch wirken Ton-in-Ton gehaltene Pflanzungen. Auch Kombinationen mit Farben, die im Farbkreis unmittelbar nebeneinander liegen, schmeicheln unseren Augen. So passen zum Beispiel Orange, Rotorange und Rot zueinander. Violett harmoniert mit Blauviolett und Blau. Und aus gelben Rosenblüten, grüngelb blühendem Frauenmantel und vielen grünen Blattschmuckpflanzen zaubern Sie eine Mischung mit frisch-fröhlichem Charakter. Aber Achtung: Bei Rosen ist es besonders wichtig, auf die spezielle Abstufung der Farbe zu achten. Zeigt etwa das Rosa einer Blüte eine stark gelbliche Nuance, sollte es keinesfalls mit rosa blühenden Rosen kombiniert werden, deren Blüten einen Blauanteil haben. Man spricht auch von einem warmen Lachsrosa, das sich nicht mit einem kalten Pink oder Purpurrosa verträgt. Für Kontraste im Beet sorgen sogenannte Dreiklänge oder Zweiklänge. Beim Dreiklang werden Farben ausgewählt, die im Farbkreis durch ein dreiseitiges Dreieck miteinander verbunden sind, wie Rot, Blau und Gelb oder Grün, Orange und Violett. Ein Zweiklang ist die Kombination mit Komplementärfarben, die sich im Farbkreis gegenüber liegen, also zum Beispiel Rot und Grün, Orange und Blau sowie Gelb und Violett. Ein Tipp für gekonnte Farbverwendung: Wenn Sie mit Komplementärkontrasten arbeiten, sollten die Farben nicht zu gleichen Teilen verwendet werden. Eine Farbe sollte zu zirka zwei Dritteln dominieren, damit ein harmonischer Eindruck entsteht.

Eine gelungene Kombination: Die gelbe Rose 'Graham Thomas' und lilafarbener Lavendel bilden einen kraftvollen Komplementärkontrast.

Auf die nähere Umgebung achten

Die gewählten Farben für Rosenbeete, aber auch die Blütenfarbe einzelner Rosensträucher sollten Sie immer auf die Umgebung und den Gartenstil abstimmen. So kommt eine rote Kletterrose vor einer rötlichen Hausfassade nicht zur Wirkung. Dagegen passt ein Ton-in-Ton gehaltenes Rosenbeet mit kühleren Farben wunderbar zu nostalgischem Natursteinpflaster in Granitgrau oder Basaltschwarz.

Farben können aber ihrerseits auch auf ihre Umgebung zurückwirken und sie optisch verändern. Das macht man sich speziell bei kleinen Gärten gerne zunutze, indem hier viel Weiß, Hellblau, Hellviolett und zartes Rosa verwendet wird. So erscheint der Gartenraum optisch größer. Im Gegensatz dazu nehmen warme Farben wie Gelb, Orange und Rot größeren Gartenräumen optisch ihre Weite und lassen lange Distanzen kürzer erscheinen.

Farben als perfekte Gestaltungskünstler

Durch geschickte Farbkombinationen können Sie ein und dieselbe Rose auf unterschiedlichste Weisen präsentieren: So passt zum Beispiel eine orange blühende Rose zusammen mit roten Montbretien und gelben Taglilien perfekt in einen modernen Garten. Stellen Sie aber derselben Rose hellvioletten Steppen-Salbei, weißes Schleierkraut und silberfarbenen Woll-Ziest zur Seite, haben Sie schon die Zutaten für eine stilvolle Rabatte eines Cottage-Gartens beisammen.

Apricot bis Orange –
Edle Trendfarbe und feurige Energie

Orange gehört zu den warmen Farben und verkörpert Energie, Vergnügen, Geselligkeit und wird oft als Warnfarbe eingesetzt. Orange verbreitet ein freundliches (Raum-)Klima, seine Strahlkraft ist dabei aber längst nicht so grell wie die von Gelb.

Intensives Orange als Blütenfarbe drängt sich gerne in den Vordergrund, kann aber trotzdem vielfältig verwendet werden. Starke Kontraste bilden orange blühende Rosen wie die Strauchrose 'Westerland' oder die Beetrosen 'Westzeit' und 'Fellowship' mit Violett und Blau. Passende Staudenpartner sind etwa Steppen-Salbei, Katzenminze, Glockenblume, Rittersporn, Storchschnabel oder Zier-Lauch. Ein intensives Farberlebnis bietet auch die Zusammenstellung von Orange, Gelb und Rot. Kombinieren Sie zum Beispiel zu orange blühenden Rosen rote Montbretien, rote Schafgarbe ('Fanal'), gelbes Mädchenauge (*Coreopsis*) sowie Taglilien in Orange und Gelb.

Apricot entsteht, wenn dem Orange mehr und mehr Weiß beigemischt wird, der Sättigungsgrad also nicht so hoch ist. Ein lieblicher Pastellton, der als Rosenfarbe wunderbar in romantischen, naturnahen und ländlichen Gärten eingesetzt werden kann.

Im Gegensatz dazu wirkt ein Farbduo aus Apricot und Purpur sehr vornehm und dezent. Wunderbare Rosenbegleiter in Purpur sind die Sterndolde 'Rubra' (*Astrantia*) und die Samt-Skabiose (*Scabiosa atropurpurea* 'Chile Black').

Dass Orange und Apricot in den letzten Jahren als Rosenfarben so populär geworden sind, verdanken wir zum einen dem Romantik-Trend, der viele Rosen in sanften Pastellfarben hervorbrachte, unter anderem die Sorten 'Sangerhäuser Jubiläumsrose', 'Aprikola' und 'Augusta Luise'. Zum anderen züchtete der Englische Rosenspezialist David Austin viele orange blühende Sorten, deren gefüllte Blüten nicht nur durch ihre intensive Farbe, sondern meist auch durch wunderbaren Duft begeistern. Zu diesen Englischen Rosen gehören 'Pat Austin', 'Lady of Shalott', 'Crown Princess Margareta' oder 'Summer Song'.

1 'Papagena' (Beetrose)
2 'Marie Curie' (Beetrose)
3 'Westerland' (Strauchrose)
4 'Pat Austin' (Englische Rose)
5 'Samaritan' (Edelrose)
6 'Westzeit' (Beetrose)
7 'Sedana' (Kleinstrauchrose)
8 'Orange Dawn' (Kletterrose)
9 'Fellowship' (Beetrose)

Gelb bis Messing –
Mit der Heiterkeit der Sommersonne

Gelb steht für Sonne, Licht, Gold und Lebensfreude. Gelbe Blüten bringen Lichtreflexe in den Garten und bestechen mit einer guten Fernwirkung. Die leuchtkräftige Sonnenfarbe wirkt leicht und beschwingt in Kombination mit Hellgrün, Silber, Creme, Apricot und Weiß. Wer starke Komplementärkontraste mag, stellt seinen gelb blühenden Rosen blaue Rittersporrnblüten oder die Storchschnabelsorte 'Rozanne' (*Geranium*) zur Seite. Diese blauen Partner passen zum Beispiel ausgezeichnet zu den gelben Strauchrosen 'Lichtkönigin Lucia', 'Rugelda', 'Johannes Rau' und 'Postillion'.

Intensiv ist auch die Wirkung des Farbduos Gelb und Violett. Dafür wählen Sie Steppen-Salbei (*Salvia nemorosa*), Lavendel, Glockenblumen (*Campanula*-Arten), Katzenminze (*Nepeta*-Arten) oder die blauviolettfarbenen Sorten 'Blue Paradise' und 'Blue Boy' des Sommer-Phlox (*Phlox paniculata*) als Pflanzenpartner für gelb- bis messingfarben blühende Beetrosen, wie 'Friesia', 'Bernstein Rose', 'Gelber Engel', 'Solero', 'Sunstar' und 'Amber Queen', oder als Partner für gelbe Kleinstrauch-

rosen, beispielsweise 'Limesgold', 'Loredo', 'Celina' und 'Sunny Rose'.

Energiegeladen und temperamentvoll erscheint Gelb im Zusammenspiel mit Rot und Orange. Solche feurigen Kombinationen müssen viel Platz um sich haben – in kleinen Gärten würden sie sich zu sehr in den Vordergrund drängen und den ohnehin schon begrenzten Raum noch enger erscheinen lassen. Etwas heikel ist ein Duett mit Gelb und Rosa. Reines Sonnengelb und Pink sind zusammen kaum zu ertragen. Wesentlich gefühlvoller präsentieren sich messingfarbene Rosen, wie 'Ghislaine de Féligonde', zusammen mit rosaroter Spornblume (*Centranthus ruber*), hellrosafarbenen Sommer-Phlox-Sorten, zum Beispiel 'Bright Eye' oder 'Europa', sowie den zarten Blüten des rosa blühenden Mädchenauges (*Coreopsis rosea*).

Die eindrucksvollsten Rosenschönheiten in den unterschiedlichsten Gelbtönen bietet zurzeit das Sortiment der Englischen Rosen. Mit 'Graham Thomas' begann für David Austin seine Züchtungsreihe im Spektrum der gelben Blüten, und bis heute sind unter anderen 'Molineux', 'Teasing Georgia' und 'Golden Celebration' auf den Markt gekommen.

1 'Graham Thomas' (Englische Rose)
2 'Lichtkönigin Lucia' (Strauchrose)
3 'Ghislaine de Féligonde' (Strauchrose)
4 'Friesia' (Beetrose)
5 'Teasing Georgia' (Englische Rose)
6 'Amber Queen' (Beetrose)
7 'Molineux' (Englische Rose)
8 'Limesgold' (Kleinstrauchrosen)
9 'Peer Gynt' (Edelrose)

Creme bis Weiß –
Lichtreflexe für die Staudenrabatte

Weiß ist die Farbe der Reinheit, der Unschuld und des Friedens, aber auch die der Kälte und des Schnees. Weiß passt zu allen Farben und in alle Gartenstile. Dabei gilt es allerdings, in Beetkombinationen auf sanfte Übergänge zu achten und Weiß beispielsweise nicht ganz plump zu dunkleren Farben wie Rot oder Purpur zu stellen. Wirkungsvoller ist es, sanfte Übergänge einzubauen, etwa mit Rosa oder Hellgelb beziehungsweise Apricot.

Weiße Rosen mit einfachen, ungefüllten Blüten passen hervorragend in naturnahe Gärten. Traumhafte Blütenhecken lassen sich mit der Feld-Rose (*Rosa arvensis*) und der Vielblütigen Rose (*Rosa multiflora*) zusammenstellen. In gemischten Blumenbeeten verbreiten weiße ungefüllt oder halbgefüllt blühende Kleinstrauchrosen wie 'Schneeflocke', 'Apfelblüte', 'Nemo', 'Diamant' oder 'Escimo' ihren natürlichen Charme.

Wer es gerne üppiger mag, wählt jedoch weiß- bis cremefarbene Rosen mit gefüllten Blüten. Englische Rosen, etwa 'Emanuel', 'Claire Austin' oder 'Winchester

Cathedral', und nicht zuletzt Alte Rosen, wie 'Maxima', 'Boule de Neige' und 'Mme Hardy', betören zusätzlich mit traumhaften Duftnuancen. Zusammen mit den zarten Rosa- und Violetttönen von Sommer-Phlox, Lavendel, Steppen-Salbei (*Salvia nemorosa*), Steinquendel (*Calamintha nepeta*) und Fingerhut (*Digitalis*) füllen diese Rosen romantische Beete. Vor einem vornehmen, dunklen Hintergrund, zum Beispiel durch eine Eibenhecke, kommen diese Farbenkombinationen übrigens noch intensiver zur Geltung.

Auch in der dritten Dimension der Rosenwelt müssen Sie nicht auf weiße Blüten verzichten. Viele großwüchsige Rambler blühen weiß: 'Bobby James', 'Kiftsgate', 'Goldfinch' und 'Lykkefund' erobern spielend ganze Bäume. An ihrer Seite dulden sie dabei keine Kletterpartner, aber als begleitendes Fußvolk sehen die Blütenwolken der violetten Katzenminze ganz zauberhaft aus. Verträglicher sind die zahmeren, weiß blühenden Kletterrosen 'Graciosa', 'Hella', 'Ilse Krohn Superoir', 'Schneewalzer' und 'Uetersener Klosterrose': Sie freuen sich über Kletterpartner, zum Beispiel rosafarbene oder hellviolettblaue Italienische Waldreben (*Clematis viticella* 'Entel' oder 'Prinz Charles').

1 'Emanuel' (Englische Rose)
2 'Snow Ballet' (Kleinstrauchrose)
3 'Souvenir de la Malmaison' (Bourbon-Rose)
4 'Schneeflocke' (Kleinstrauchrose)
5 'Boule de Neige' (Bourbon-Rose)
6 'Claire Austin' (Englische Rose)
7 'Winchester Cathedral' (Englische Rose)
8 'Graciosa' (Kletterrose)
9 'Schneewittchen' (Strauchrose)

Rosé bis Dunkelrosa –
Zarte Blütenwolken zum Träumen

Kleine Mädchen verkleiden sich mit rosafarbenen Kleidchen als Prinzessin oder Ballerina und „Rosa" ist weltweit als weiblicher Vorname anerkannt – Rosa ist eine weibliche Farbe und wird mit Zärtlichkeit und Zartheit verbunden. So ist es kein Wunder, dass Rosa die beliebteste Rosenfarbe ist, die Sie – je nach Kombinationspartner und Blütenform – in absolut jedem Gartenstil verwenden können.

Für einen Dornröschengarten sind rosafarbene Kletterrosen unentbehrlich. Neben Klassikern, beispielsweise der nach Apfel duftenden 'New Dawn' oder 'Constance Spry', die würziges Myrrhe-Aroma verströmt, erobern neue Trendsetter wie die gefüllt blühende 'Jasmina' und die öfter blühende Ramblerrose 'Kirschrose' die heutigen Märchengärten. Wer seinen Naturgarten mit rosafarbenen Tupfern bereichern möchte, pflanzt Wildrosen mit kleinen, offenen Blüten, zum Beispiel die Hunds-Rose (*Rosa canina*), die Wein-Rose (*Rosa rubiginosa*) oder die nur einen Meter hoch wachsende Böschungs-Rose (*Rosa rugotida*). Etwas üppiger und

blütenreicher darf es dagegen in klassischen Rosengärten ausfallen: Für flächige Rosenbeete in zarten Rosatönen finden Sie viele passende Kleinstrauch- und Beetrosen, unter anderem 'The Fairy', 'Bonica 82', 'Sommerwind', 'Lovely Meidiland' oder 'Wildfang'. Überaus reizvoll und sowohl in Cottage-Gärten als auch in modernen Gartenanlagen einsetzbar, sind gemischte Rabatten mit Stauden und rosa blühenden Rosen. Hier präsentiert sich Rosa als sanfte Vermittlerin zwischen warmen und kalten Farben. Rosafarbene Rosen, deren Blüten einen höheren Gelbanteil haben, also lachsfarben sind, können Sie mit samtig roten Bart-Nelken (*Dianthus barbatus* 'Nigrescens'), mit zartapricot blühenden Taglilien (*Hemerocallis* 'Fairy Tale Pink') sowie mit lachsfarbener Schafgarbe (*Achillea* 'Lachsschönheit') kombinieren und damit das warme Farbgefühl verstärken. Kühl wirkt Rosa dagegen, wenn es einen größeren Blauanteil aufweist. Rosenblüten in diesen kalten, rosafarbenen Nuancen wirken umso kühler und vornehmer in der Gesellschaft von blauem Rittersporn, silbergraulaubiger Edelraute (*Artemisia*) und strahlend weißen Margeriten.

1 'Königin von Dänemark' (Alba-Rose)
2 'Bonica 82' (Beetrose)
3 'Fritz Nobis' (Strauchrose)
4 'New Dawn' (Kletterrose)
5 'Eden Rose 85' (Strauchrose)
6 'Felicia' (Moschus-Rose)
7 'Constance Spry' (Englische Rose)
8 'Centenaire de Lourdes' (Strauchrose)
9 'Comte de Chambord' (Portland-Rose)

Mauve bis Magenta –
Kühle Romantik fürs Beet

Magenta – eine Farbbezeichnung, die man fast nur aus der Druckindustrie kennt und die zur Beschreibung von Blütenfarben kaum benutzt wird. Üblicher sind Beschreibungen wie Mauve, Pink, Tiefrosa, Purpur, Rotviolett. Sie alle stellen eine Mischung aus feurigem Rot und kühlem Blau dar und gehören zu der großen Magenta-Farbgruppe.

Als Rosenfarbe lassen sich alle Magenta-Töne äußerst effektvoll und mit großer Fernwirkung einsetzen. Kühle Kombinationen können Sie mit pinkfarbenen Rosen und Stauden in Violett, Blau und Weiß zusammenstellen. Wer für knallige Effekte zu haben ist, setzt magentafarbene Rosen zu gelben und orangefarbenen Staudenblüten, zum Beispiel von Nelkenwurz (*Geum coccineum* 'Borisii') oder Bronze-Felberich (*Lysimachia ciliata* 'Firecracker'). Dazu noch ein paar Purpurglöckchen mit dunkelrotem Laub und schon entsteht eine extravagante und doch harmonische Farbmischung. Eine romantische Note bringen Sie dagegen in pinkfarbene Rosenpflanzung, indem Sie silberfarbene Blatt-schmuckstauden, wie Currykraut (*Helichrysum*) oder Woll-Ziest (*Stachys byzanthina*), und dann noch einige hellrosa blühende Stauden einstreuen, beispielsweise Purpur-Königskerzen (*Verbascum phoeniceum*) oder Moschus-Malven (*Malva moschata*).

Für öffentliche Grünanlagen, aber auch für private Vorgärten oder Rosenbeete im klassischen Stil bietet das Rosensortiment etliche empfehlenswerte pinkfarbene Kleinstrauch- und Beetrosen, etwa 'Heidetraum', 'Leonardo da Vinci', 'Gärtnerfreude', 'Criollo' oder 'Knirps'. Wer Pink als einzelnen Farbklecks im Garten präsentieren möchte, setzt Kletterrosen an Rankobeliske oder platziert Kaskadenrosen in eine wogene Fläche aus Steppen-Salbei beziehungsweise kompaktwachsenden Lavendelsorten wie *Lavandula* 'Munstead' oder 'Hidcote Blue'. Für diese Einsatzgebiete gibt es etwa von den Kletter- beziehungsweise Ramblerrosen-Sorten 'Rosarium Uetersen', 'Super Dorothy' und 'Super Excelsa' hübsche Kaskadenstämme.

1 'Gärtnerfreude' (Kleinstrauchrose)
2 'Rhapsody in Blue' (Beetrose)
3 'Tess of the d'Urbervilles' (Englische Rose)
4 'Heidetraum' (Kleinstrauchrose)
5 'Big Purple' (Edelrose)
6 'American Pillar' (Ramblerrose)
7 'Roxy' (Zwergrose)
8 'Super Excelsa' (Ramblerrose)
9 'Old Port' (Edelrose)

Bordeaux bis Blutrot –
Liebesgrüße aus dem Garten

Man verschenkt rote Rosen als Zeichen der Liebe, sei es in einem üppigen Strauß oder als einzelne Blüte. Rot ist die klassische Rosenfarbe. Rot verbinden die Menschen mit starken Gefühlen – und zwar sowohl mit positiven, zum Beispiel Leidenschaft, Begierde und Liebe, als auch mit den negativen wie Aggressivität oder Wut.

Flächig eingesetzt, können rote Rosen leicht aufdringlich wirken und sollten darum nur in größeren Gärten verwendet werden. Dort lassen sich auch großflächige Beete mit Kleinstrauchrosen wie 'Scarlet Meidiland' oder 'Colossal Meidiland' wirkungsvoll einsetzen. Harmonischer erscheint das Farbbild, wenn viel Grün und ein paar weiße Blütentupfer rote Rosen begleiten. Für beruhigendes Grün können Buchsbaum, Ziergräser und Blattschmuckstauden wie Funkien oder grünlaubige Purpurglöckchen sorgen. Aufhellendes Weiß steuern Schleierkraut, Weißes Weidenröschen (*Epilobium angustifolium* 'Album'), weiße Sorten von Steppen-Salbei oder Lavendel sowie einjährige Begleiter bei,

etwa die Wolfsmilch-Sorte 'Diamond Frost' (*Euphorbia*) und Steinkraut (*Lobularia martima*). Je nach Farbnuance der rot blühenden Rosen können Sie sie mit verschiedenen Farbgruppen kombinieren: Trägt die Rose ein warmes Rot, das eher gelblich erscheint, passt sie gut zu orange- oder gelbfarbenen Blüten. Neigt eine rote Rose jedoch ins Bläuliche und wirkt leicht purpurfarben, sollten Sie sie lieber von kühlen Farbtönen wie Blau oder Violett begleiten lassen.

Eine rote Rose, die auch noch intensiv duftet, schmeichelt den Sinnen jedes Rosenliebhabers. Wunderbare Duftrosen des roten Farbspektrums bieten etwa Englische Rosen wie 'William Shakespeare 2000', 'Darcey Bussell', 'L.D. Braithwaite', 'Falstaff', 'Munstead Wood' oder die hellrote Sorte 'Benjamin Butten'. Auch unter den Alten Rosen locken uns viele Sorten mit traumhaft duftenden, oft purpurfarbenen Blüten, beispielsweise 'Rose de Resht', 'Aimable Rouge', 'Nuits de Young' und 'La Negrésse'.

1 'Dortmund' (Kletterrose)
2 'L.D. Braithwaite' (Englische Rose)
3 'Tornella' (Strauchrose)
4 'Santana' (Kletterrose)
5 'William Shakespeare 2000' (Englische Rose)
6 'Rose de Resht' (Damaszener-Rose)
7 'Red Leonardo da Vinci' (Beetrose)
8 'Scarlet Meidiland' (Kleinstrauchrose)
9 'Darcey Bussell' (Englische Rose)

Hagebutten –
Fruchtschmuck für den Herbst

Mit dem Ende der sommerlichen Blüte ist die Rosenzeit noch lange nicht vorbei, denn nun machen sich viele Rosen herbstfein und setzen Fruchtschmuck an, die Hagebutten. Lassen Sie sich begeistern von der Vielfalt der Formen und Farben in der Welt der Rosenfrüchte: von miniklein bis kastaniengroß, von hellorange über blutrot bis tiefschwarz oder grasgrün und von flaschenförmig bis kugelrund.

Einfach blühende und viele halbgefüllt blühende Rosen setzen Hagebutten an, wenn man Verblühtes nicht entfernt. Als besonders imposant erscheinen Hagebutten tragende Wildrosen und deren Sorten. Man kann sie als Solitäre oder als Heckengehölze in naturnah gestaltete Gärten oder größere Anlagen des Landhaus-Stils verwenden. Empfehlenswerte Wildrosen sind unter anderen Wein-Rose (*Rosa rubiginosa* 'Autumn Fire'), Hecht-Rose (*Rosa glauca*), Kartoffel-Rosen in vielen Sorten, Hunds-Rose, Apfel-Rose (*Rosa villosa*) oder die Bibernell-Rose (*Rosa spinosissima*), die süß schmeckende, schwarzpurpurfarbene Hagebutten ansetzt.

Wer moderne Strauchrosen bevorzugt, pflanzt die Sorten 'Fenja', 'Scharlachglut', 'Northern Lights', 'Erfurt' oder 'Frühlingsduft'. Auch viele einfach blühende Moschus-Rosen (*Rosa-Moschata*-Gruppe), zum Beispiel 'Ballerina', 'Robin Hood', 'Lavender Dream', 'Mozart' oder 'Queen of Musk', zeigen viele kleine Hagebutten und bleiben mit einer Höhe von 1,5 m recht kompakt. Außerdem sind diese Moschus-Rosen gut mit Stauden kombinierbar und öfter blühend.

Nicht zu vergessen sind auch die beliebten Ramblerrosen 'Rosemary Foster', 'Goldfinch', 'Lykkefund', 'Rambling Rector', 'Filipes Kiftsgate' und *Rosa helenae*, die im Herbst ebenfalls Tausende kleiner Hagebutten präsentieren, jedoch an Rankpavillons oder alten Obstbäumen viel Platz zur freien Entfaltung benötigen. Dagegen fügen sich die Kleinstrauchrosen 'Venice', 'Ravenna', 'Purpurtraum 2000', 'Heidefeuer', 'Red Meidiland' und 'Apfelblüte' oder die neue robuste Zwergrose 'Lupo' perfekt in gemischte Beete mit Ziergräsern und im Herbst blühenden Stauden wie Eisenhut, Herbst-Anemone oder Fetthenne ein.

1 Vielblütige Rose (*Rosa multiflora*)
2 Weiße Rose 'Maxima' (*Rosa alba*)
3 'Erfurt' (Strauchrose)
4 Hunds-Rose (*Rosa canina*)
5 Mandarin-Rose 'Geranium' (*Rosa moyesii*)
6 Kartoffel-Rose (*Rosa rugosa*)
7 'Filipes Kiftsgate' (Ramblerrose)
8 Hecht-Rose (*Rosa glauca*)
9 'Frühlingsduft' (Strauchrose)

Service

Wenn Sie Lust bekommen haben, Ihren Garten in ein Rosenparadies umzugestalten, finden Sie hier nützliche Adressen von Rosenzüchtern und -händlern. Außerdem möchten wir Ihnen einige schöne Rosengärten in Deutschland und ganz Europa empfehlen, damit Sie sich weiter inspirieren lassen können.

Rosenzüchter und -versender

David Austin Rose Nursery
Bowling Green Lane
Albrighton
Wolverhampton WV7 3HB
Tel: 00800 7777 6737
www.davidaustinroses.com
E-Mail: deutsch@davidaustinroses.com

Gartenzeiten
Frau Anke Schwarz
Rastatterstr.50
77694 Kehl-Bodersweier,
Tel: 0 78 53/324,
E-Mail: hallo@gartenzeiten-schwarz.de
Der Schaugarten ist täglich geöffnet und frei
zugänglich.

Rosen Gönewein
Steinfurther Hauptstr. 1–5
61231 Bad Nauheim
Tel: 0 60 32/9 25 27 0
www.rosen-goenewein.de

Rosarium Hemmingen
Frau Sabine Heiner
Göttinger Landstr. 75
30966 Hemmingen
Tel. 0 51 1/42 077
www.Rosengalerie.de

Rosengärtnerei Kalbus
Hagenhausener Hauptstr. 1 B
90518 Altdorf
Tel: 0 91 87/57 29
www.rosen-kalbus.de

W. Kordes' Söhne
Rosenstr. 54
25365 Klein Offenseth-Sparrieshoop
Tel: 0 41 21/4 87 00
www.gartenrosen.de

Rosen Lacon
J.-S. Piazolo Str. 4a
68766 Hockenheim
Tel: 0 62 05/40 01
www.lacon-rosen.de

Landhaus Ettenbühl
(mit hübschem Schaugarten)
Hof Ettenbühl
79415 Bad Bellingen-Hertingen
Tel: 0 76 35/827 97-0
www.landhaus-ettenbuehl.de

Noack Rosen
Postanschrift: Im Fenne 54, 33334 Gütersloh
Verkauf: Im Waterkamp 12, 33334 Gütersloh
Tel: 0 52 41/20 187
www.noack-rosen.de

Bioland Rosenschule Ruf
Zum Sauerbrunnen 35
61231 Bad-Nauheim-Steinfurth
Tel: 0 60 32/81 893
www.rosenschule.de

Rosenhof Schultheis
Bad Nauheimer Str. 3
61231 Bad Nauheim-Steinfurth
Tel: 060 32/9 25 28 0
www.rosenhof-schultheis.de

BKN Strobel/Rosen von Meilland
Vertrieb Privatkunden über:
Rosarot Pflanzenversand
Besenbek 4b
25335 Raa-Besenbek
Tel: 0 41 21/42 38 84
www.rosenversand24.de

Rosen Tantau
Tornescher Weg 13
25436 Uetersen
Tel: 0 41 22/70 84
www.rosen-tantau.com

Rosen Union
Steinfurther Hauptstr. 27
61231 Bad-Nauheim-Steinfurth
Tel: 0 60 32/96 53 0
www.rosen-union.de

Weitere empfehlenswerte Pflanzenversender

Großes Staudensortiment

Staudengärtnerei Dieter Gaissmayer
(auch Kräuter im Sortiment)
Jungviehweide 3
89257 Illertissen
Tel: 0 73 03/72 58
www.gaissmayer.de

Staudengärtnerei Gräfin von Zeppelin
Weinstr. 2
79295 Salzburg-Laufen/Baden
Tel: 0 76 34/6 97 16
www.graefin-v-zeppelin.de

Staudengärtner Klose
Rosenstr. 10
34253 Lohfelden
Tel: 05 61/51 55 55
www.staudengaertner-klose.de

Staudengärtnerei Arends Maubach
Monschaustr. 76
42369 Wuppertal-Jonsdorf
Tel: 02 02/46 46 10
www.arends-maubach.de

Pöppel-Stauden
Hauptstr. 95
28816 Stuhr-Seckenhausen
Tel: 04 21/80 48 79
www.poeppel-stauden.de

Stauden-Stade
Beckenstrang 24
46325 Borken-Marbeck
Tel: 0 28 61/26 04
www.stauden-stade.de

Große Auswahl an Gehölzen

Baumschule Böhlje
Oldenburger Str. 9
26655 Westerstede
Tel: 0 44 88/99 86 0
www.boehlje.de

Baumschule Eggert
Baumschulenweg 2
25594 Vaale
Tel: 0 48 27/93 26 27
www.eggert-baumschulen.de

Baumschule Horstmann
Bergstr. 5
25582 Hohenaspe
Telefon 0 48 93 / 37 68 90
www.baumschule-horstmann.de

Große Auswahl an Kräutern und Duftpflanzen

Kräuter-Simon
Strengweg 1, Efkebüll
25842 Langenhorn
Tel: 0 46 72/77 67 99
www.kraeuter-simon.com

Syringa Kräuter
Bachstr. 7 (nur Büroanschrift)
78247 Hitzigen-Binningen
Tel: 0 77 39/14 52
www.syringa-pflanzen.de

Rosarien, Rosenschauanlagen

Deutschland

Ostdeutscher Rosengarten
03149 Forst (Lausitz)
www.rosengarten-forstete

Europa Rosarium Sangerhausen
06526 Sangerhausen
www.europa-rosarium.de

Rosarium Glücksburg
24960 Glücksburg
www.rosen-jensen.de

Rosarium Uetersen
25436 Uetersen
www.rosarium-uetersen.de

Roseninsel Park Wilhelmshöhe
34131 Kassel
www.roseninsel-kassel.de

Deutsches Rosarium Dortmund
(im Westfalenpark)
44139 Dortmund
www.rosarium.dortmund.de

Rosengarten Bad Rothenfelde
am Gradierwerk
49214 Bad Rothenfelde
www.bad-rothenfelde.de

Rosenmuseum und Schaugärten der
Firmen Rosen-Union, Rosenhof Schultheis,
Rosen Gönewein
61231 Bad Nauheim-Steinfurth
www.rosenhof-schultheis.de
www.rosen-goenewein.de
wwww.rosenmuseum.com
www.rosen-union.de

Rosengarten Zweibrücken
66482 Zweibrücken
www.zweibruecken.de

Gönneranlage und Rosenneuheitengarten
76530 Baden-Baden
www.baden-baden.de

Rosengarten Lahr
77933 Lahr
www.lahr.de

Rosengarten auf der Blumeninsel Mainau
78465 Insel Mainau
www.mainau.de

Rosengarten im Egapark
99094 Erfurt
www.egapark.de

Rosengarten Bad Langensalza
99947 Bad Langensalza
www.badlangensalza.de

Frankreich

Paris: L'Hay-les-Roses, Parc de Bagatelle,
Parc de Malaisen
Saverne: Rosengarten

Rueil-Malmaison: Roseraie du Chateau de la
Malmaison
Pithiviers: Schaugarten der Rosenschule
Andre Eve, www.roses-anciennes-eve.com

Österreich

Baden bei Wien: Rosarium im Doblhoffpark
Linz: Rosengarten im botanischen Garten

Schweiz

Genf: Parc de la Grange
Neuhausen: Rosengarten auf Schloss
Charlottenfels

Niederlande

Arcen: Rosen im Kasteeltuinen Arcen
Amsterdam: Rosarium im Amstelpark
Lottum: Rosarium Lottum
Windschoten: Rosarium

Italien

Monza: Rosarium Villa Reale
Rom: Rosetta di Roma

Großbritannien

Romsey, Hampshire: Garten von Mottisfont
Abbey
St. Alban, Hertfordshire: Rosengarten

Belgien

Heers: Rosengarten Kasteel Hex

Rosenverein in Deutschland

Gesellschaft Deutscher Rosenfreunde e.V.
Waldseestraße 14
76530 Baden-Baden
Tel: 0 72 21/3 13 02
www.rosenfreunde.de

Literatur über Rosen

Austin, David (2006): David Austin's Englische Rosen: Die schönsten Sorten im Porträt. Geschichte, Verwendung, Pflege, blv Verlag, München.

Austin, David (2007): Meine Rosen, Deutsche Verlags-Anstalt, München.

Brumme, Hella; Dietze, Peter; Haenchen, Eckart (2007): Rosen kompakt, Verlag Eugen Ulmer, Stuttgart.

Haenchen, Eckart (2006): Rosen pflegen und schneiden, Verlag Eugen Ulmer, Stuttgart.

Hübscher, Heiko (2009): Rosen schneiden, Verlag Eugen Ulmer, Stuttgart.

Joyaux, Francois (2008): Enzyklopädie der Alten Rosen, Verlag Eugen Ulmer, Stuttgart.

Klein, Henry (2011): Rosen pflegen, Verlag Eugen Ulmer, Stuttgart.

Markley, Robert (2004): Die Rosen-Enzyklopädie, blv Verlag, München.

Schultheis, Christian (2010): Unser Rosenbuch, Eigenverlag Schultheis, Steinfurth.

Schultheis, Heinrich (2005): Rosen. Frische Ideen und bewährte Sorten, Verlag Eugen Ulmer, Stuttgart.

Strobel, Klaus-Jürgen (2006): Alles über Rosen, Verlag Eugen Ulmer, Stuttgart.

Woessner, Dietrich (2007): Das Schneiden der Rosen, Verlag Eugen Ulmer, Stuttgart.

Literatur zur Gartengestaltung

Borchardt, Wolfgang (2008): Farbe in der Gartengestaltung, Eugen Ulmer Verlag, Stuttgart

Heller, Eva (1989): Wie Farben wirken, Rowohlt Taschenbuch Verlag, Reinbek bei Hamburg

Hilary, Thomas (2009): Grundkurs Pflanzendesign: Planung und Gestaltung für jeden Gartenstil, Eugen Ulmer Verlag, Stuttgart

Warda, Hans-Dieter (2001): Das große Buch der Garten- und Landschaftsgehölze, Eigenverlag Bruns Pflanzen Export, Bad Zwischenahn

Bildquellen

Das Titelbild sowie die Abbildungen im Innenteil stammen von Jutta Schneider und Michael Will, außer:

Edelmann, Theresa: Zeichnung Seite 110
Herwig, Modeste:Seite 102/103
W. Kordes' Söhne: Seite 99
Majerus, Marianne: Seite 86/87, 98
Photolibrary/Garden Pix Ltd: Seite 84/85, 94, 106/107
Rehm-Wolters, Bettina: Seite 24, 68, 101 links oben, 104
Strauß, Friedrich: Seite 111

Die beiden Autorinnen Bettina Rehm-Wolters und Mascha Schacht haben dieses Werk gemeinsam verfasst.

Von Bettina Rehm-Wolters stammen das Einführungskapitel (S. 6–15) sowie die Seiten zur Farbwirkung (S. 28/29, 46/47, 76/77, 92/93, 100/101, 108–125). Zudem entwarf sie die vier Gestaltungs- und die sechs Beetpläne und widmete sich ihrer Beschreibung.

Nach dieser Vorgabe fertigte die Illustratorin Claudia Schick die Zeichnungen der Pläne an.

Aus der Feder von Mascha Schacht stammen die Kapitel zur Gartengestaltung in verschiedenen Stilen (S. 16–27, 30–45, 48–75, 78–91, 94–99, 102–107).

Das Fotografenteam Jutta Schneider und Michael Will danken Frau Anke Schwarz und ihrem Team von der Baumschule Gartenzeiten für ihre Unterstüzung.

Sachregister

Register der Rosenarten und -sorten

Bibliografische Information der Deutschen Nationalbibliothek
Die Deutsche Nationalbibliothek verzeichnet diese Publikation in der Deutschen Nationalbibliografie; detaillierte bibliografische Daten sind im Internet über http://dnb.d-nb.de abrufbar.

© 2011 Eugen Ulmer KG
Wollgrasweg 41, 70599 Stuttgart (Hohenheim)
E-Mail: info@ulmer.de
Internet: www.ulmer.de
Lektorat: Gabi Franz, Antje Krause
Herstellung: Gabriele Wieczorek
Umschlagentwurf: red.sign, Anette Vogt, Stuttgart
Reproduktion: Timeray, Herrenberg
Satz: r&p digitale medien, Echterdingen
Druck und Bindung: Firmengruppe APPL, aprinta druck, Wemding
Printed in Germany

ISBN 978-3-8001-5896-6

Ein Meer von Gräsern und Blumen

- Erstes deutsches Buch zum Thema Präriegärten
- Unter Mitarbeit der Pioniere des Präriestils Jan Spruyt und Cassian Schmidt
- Faszinierende Fotos

Inspirationsquelle eines Gartentraums: die nordamerikanische Prärie mit ihren sich wiegenden Gräsern und überschwänglicher Blütenvielfalt. Mit der passenden Pflanzenauswahl können Sie sich die positiven Eigenschaften und den natürlichen Charme der Prärie in Ihren Garten holen. Präriegärten sind robust und pflegeleicht. Dafür brauchen Sie keine gigantische Fläche, sondern Beete und Rabatten passend für Ihren Garten.

Präriegärten.

Faszinierend und stimmungsvoll. L. Machiels. 2010. 127 S., Unter Mitwirkung von Jan Spruyt und Cassian Schmidt, 160 Farbf., geb. mit SU. ISBN 978-3-8001-6992-4.

www.ulmer.de

Sonnenhut, Frauenmantel und Co.

- 85 pflegeleichte Stauden für den immerblühenden Garten
- Mit dem Staudenfinder schnell und einfach zur passenden Pflanze
- Spezialseiten zu Gräsern und Farnen

So bringt man Farbe, Form und Harmonie in den Garten. Liebevoll formulierte Texte helfen bei der Suche nach dauerhafter Blütenpracht und entführen in die immerblühende Welt der Stauden. Lernen Sie 85 pflegeleichte Gartenbewohner kennen und lieben. Grundlagen zu Standortansprüchen, Langlebigkeit und Winterhärte sowie die wichtigsten Handgriffe zu Pflanzenvermehrung und -versorgung werden erläutert und helfen Ihnen beim erfolgreichen Gärtnern.

Blütenpracht.

Die schönsten Stauden für meinen Garten. A. Barlage. 2010. 160 S.,
147 Farbf., 29 Zeichn., geb. ISBN 978-3-8001-5668-9.

 **Ganz nah dran.**